陳攖寧　著
蒲團子　編

陳攖寧文集・八

丹訣串述
劍仙口訣
歡喜佛考

心一堂

書名：陳攖寧文集 八 丹訣串述、劍仙口訣、歡喜佛考
作者：陳攖寧
編者：蒲團子
責任編輯：陳劍聰
出版：心一堂有限公司
通訊地址：香港九龍旺角彌敦道610號荷李活商業中心十八樓05-06室
深港讀者服務中心：深圳市羅湖區立新路六號羅湖商業大厦負一層008室
電話號碼：(852)90277110
網址：publish.sunyata.cc
電郵：sunyatabook@gmail.com
網店：http://book.sunyata.cc
淘寶店地址：https://shop210782774.taobao.com
微店地址：https://weidian.com/s/1212826297
臉書：https://www.facebook.com/sunyatabook
讀者論壇：http://bbs.sunyata.cc
版次：二〇二〇年十二月初版
平裝
定價：港　幣　二百五十八元正
　　人民幣　一百八十元正
　　新臺幣　九百九十八元正
國際書號：ISBN 978-988-8583-50-8

香港發行：香港聯合書刊物流有限公司
地址：香港新界荃灣德士古道220～248號荃灣工業中心16樓
電話號碼：(852)2150-2100
傳真號碼：(852)2407-3062
電郵：info@suplogistics.com.hk
網址：http://www.suplogistics.com.hk

臺灣發行：秀威資訊科技股份有限公司
地址：臺灣臺北市內湖區瑞光路七十六巷六十五號一樓
電話號碼：+886-2-2796-3638
傳真號碼：+886-2-2796-1377
網絡書店：www.bodbooks.com.tw
臺灣秀威書店讀者服務中心
地址：臺灣臺北市中山區松江路二〇九號一樓
電話號碼：+886-2-2518-0207
傳真號碼：+886-2-2518-0778
網絡書店：www.govbooks.com.tw

中國大陸發行 零售：深圳心一堂文化傳播有限公司
地址：深圳羅湖區立新路六號羅湖商業大厦負一層008室
電話號碼：(86)0755-82224934

達則兼善天下

專門

仙學

雜誌

窮則獨善其身

揚善半月刊

第四卷 第十二期
（總號第八十四期）
民國念五年十二月十六日出版

善之眞義

學理……重研究……不重崇拜
工夫……尚實踐……不尚空談
思想……要積極……不要消極
精神……圖自立……不圖依賴
能力……宜團結……不宜分散
事業……貴創造……不貴模仿
幸福……講生前……不講死後
信仰……憑試驗……不憑經典
住世……是長存……不是速朽
出世……在超脫……不在皈依

專門仙學雜誌揚善半月刊書影

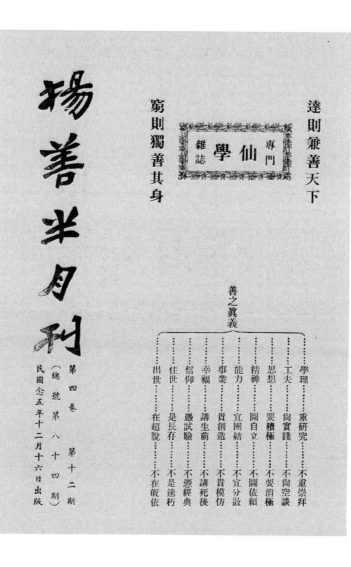

翼化堂最上一乘性命雙修二十四家丹訣串述信箋

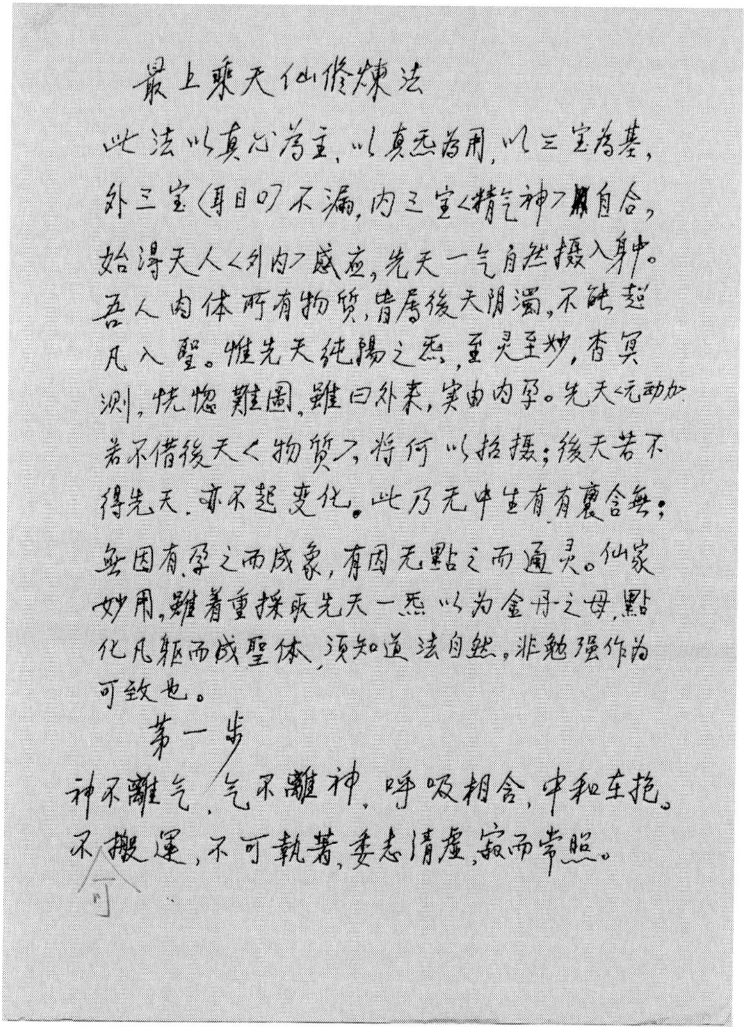

最上乘天仙修煉法

此法以真心為主，以真炁為用，以三宝為基，外三宝（耳目口）不漏，内三宝（精气神）自合，始得天人（外内）感應，先天一气自然攝入身中。吾人肉体所有物質，皆屬後天陰濁，不能超凡入聖。惟先天純陽之炁，至灵至妙，杳冥測，恍惚難圖，雖曰外來，實由內孕。先天（元動力）若不借後天（物質），將何以招攝；後天若不得先天，亦不起变化。此乃无中生有，有裏含無；無因有孕之而成象，有因无點之而通灵。仙家妙用，雖着重採取先天一炁以为金丹之母，點化凡軀而成聖体，須知道法自然，非勉强作為可致也。

第一步

神不離气，气不離神，呼吸相含，中和在抱。不可搬運，不可執著，委志清虛，寂而常照。

陳攖寧先生傳胡海牙先生抄最上乘天仙修煉法書影

與朱昌亞女醫師論仙學書　皖江陳攖寧

昌亞醫師惠鑒。日前接奉致室人吳彝珠書、並詩四首。詩意高尊、志超凡脫俗。較彼庸衆之狃於近習、而忽於遠慮者、迥不相同、至可欽佩。大作第四首云「人間自有奇男女。立志飛昇上九天。」愚意最贊成此二句。以為此等事、雖萬分艱難、不易實現。惟翻閱列仙傳記。每一朝代、總有幾人成功。足以推知其非絕無希望者。縱令舊籍所載、都屬虛偽。即由吾輩創始、亦未嘗不可。何況前人尚留下遺軌、便於遵行乎。

滿清二百數十年間、全國中男子之優秀者、概為八股文所牢籠。女子之聰明者、又被舊禮教所束縛。神仙學術、非但不敢實驗之於身。並且不敢出之於口。非但不許尋師訪友。並且不許讀其書。（我十歲左右、喜看漢魏叢書中、葛洪神仙傳。但不敢讓大人們知。若知之、必痛責也）於是乎避息之徒、羣歸於佛。超脫之士、則逃於禪。儒教雖近乎常情。而其流弊。則不免誤國而迂腐。禪教雖似乎高妙。但其弱點、在不認識現實之人生。（禪教認為人生是虛妄的。遂起厭惡肉体之觀念。而對於肉体有欲物關係之衣、食、住、行四項、竟無法可以免除。一方面認為幻妄。一方面尚要需求。此不是大矛盾）我研究仙學、已四十餘年。知我者、因能完全諒解。不知

油印本與朱昌亞女醫師論仙學書書影

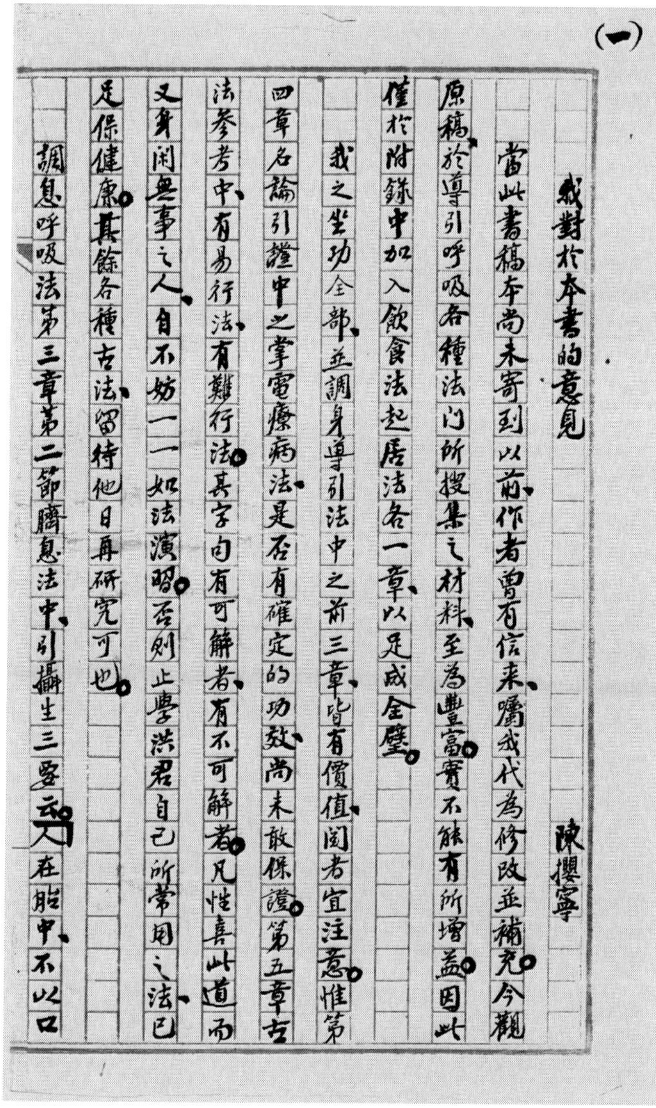
（一）

我對於本書的意見　　陳攖寧

當此書稿本尚未寄到以前，作者曾有信來，囑我代為修改並補充。今觀原稿，於導引呼吸各種法門所搜集之材料，至為豐富，實不能有所增益。因此僅於附錄中加入飲食法起居法各一章，以足成全璧。

我之坐功全部，並調身導引法中之前三章，皆有價值，閱者宜注意。惟第四章名論引證中之掌電療病法，是否有確定的功效，尚未敢保證。第五章古法參考中，有易行法，有難行法。其字句有可解者，有不可解者。凡性喜此道而又身閒無事之人，自不妨一一如法演習。否則止學洪君自己所常用之法，已足保健康。其餘各種古法，留待他日再研究可也。

調息呼吸法第三章第二節臍息法中，引攝生三要云：「人在胎中，不以口

陳攖寧先生手寫本我對於本書(我的坐功)的意見書影

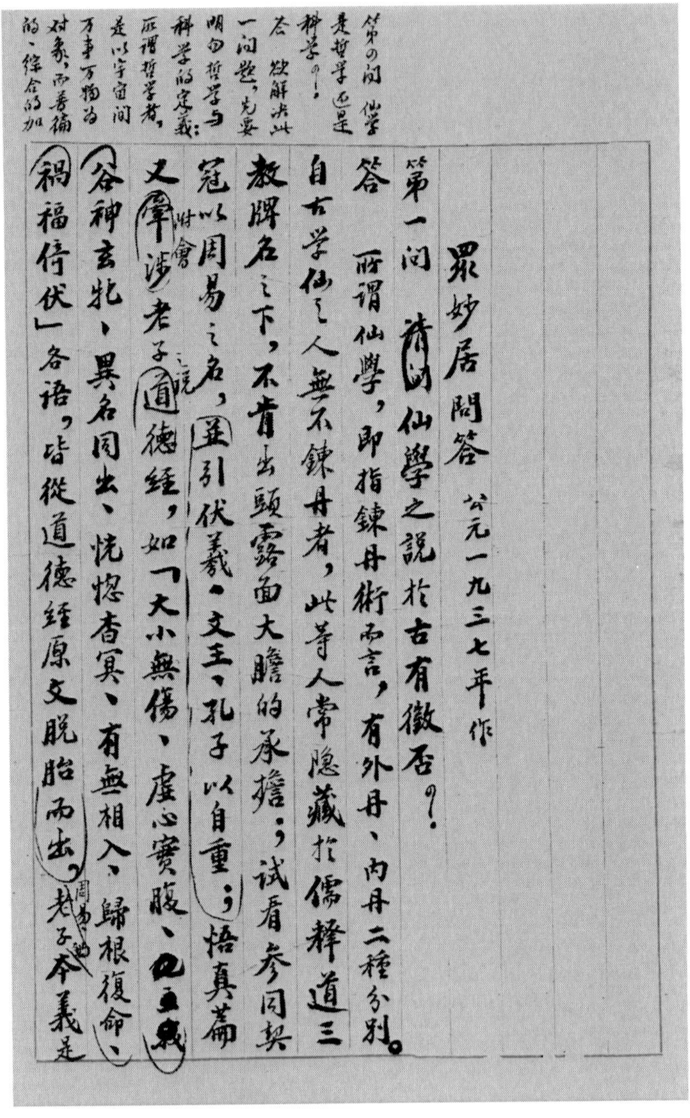

第の问 仙学是哲学还是科学の？

答 欲解決此一问題，先要明白哲学与科学的定義：所謂哲学者，是以宇宙间万事万物為对象，而普遍的、综合的加

衆妙居問答 公元一九三七年作

第一问 仙學之説於古有徵否？

答 所謂仙學，即指鍊丹術而言，有外丹、内丹二種分别。自古学仙之人無不鍊丹者，此等人常隱藏於儒釋道三教牌名之下，不肯出頭露面大膽的承擔；試看參同契冠以周易之名，並引伏羲、文王、孔子以自重；悟真篇又附會牽涉老子之説道德经，如「大小無傷、虚心實腹、四正氣、谷神玄牝、異名同出、恍惚杳冥、有無相入、歸根復命、禍福倚伏」各語，皆從道德經原文脱胎而出，老子本義是

陳攖寧先生手寫本衆妙居問答殘稿書影

中華民國三十六年十月一日
佛曆二五一〇年十月一日
社址：上海（23）南京西路一四五一弄十二號大法輪書局

將此法施普供養

ENLIGHTENMENT

覺有情

發行人 蘇慧純　編輯人 陳法香

The Maha Dhamacakra Book-store
No. 6, lane No. 111, Mowming Rd., North, Shanghai, China.

悉入無智無得句

定刊價目：全年二十四期。本外埠法幣二萬元。香港及國外三萬元。零售每份法幣二千元。

中華郵政登記第二五五九號第一類新聞紙

覺有情半月刊　第八卷　十月號　總數第一九五第一九六期合刊　（第一版）

「外國慈悲」，上海行不通了！

王耐之

十月一日為世界保護動物節，年年此日，世界各國保護動物會皆舉行宣傳運動。本刊向例十月份編出保護動物專號，代不能發言者發言。本年因時促，搜集材料無多，又因他種稿子太擁擠，未便久擱，茲將保動專號作罷。適王耐之居士以示大作一篇，文辭淺顯，而含義深長，就眼前事實，說明今日新談保護動物，斷章是一件『開倒車』之事。嗚呼！『開倒車』，『開倒車』！天下幾多善行，假汝之名而推翻矣！夫復何言。爰將王居士一文發出，以代表吾人對保護動物運動之感想。並聊為本期覺有情之點綴。

寫至此，忽想及佛經儒書中『人能弘道，非道弘人』，『人存政舉，人亡政息』及『徒法不能以自行』等名詞，皆以人為主，王居士文中所批駁的外國慈悲上海行不通，其原因就在於此。可見一切一切，人是靈魂，法是工具，沒有主腦的人，法如何能推行耶？因而又憶及小時讀黃梨洲先生明夷待訪錄。黃先生是法家，主張法治，他的某篇文章的結論是『有治法而後有治人』，說得斬釘截鐵之至。我當時即覺得他的話持之有故，但似乎不免太偏於一邊了。現在想來，假使黃先生活到今天，目睹舊禮因『無人』而致『無法』的怪狀，不知他老人家又作何想像？唉，話說得離題十萬里了，就此打住，下面是王居士的妙文。　編者識

娘姨從小菜場買鷄回來，在路上却給巡捕抓到巡捕房裏去，受了一番申斥之後罰洋四角開釋。經過調查，才知那頭立刻就要殺死烹食的鷄，在路上給倒提了，因此娘姨犯下了虐待動物的罪。

那時候上海是在西人勢力之下的租界，我以為這種譬章，完全是外國理性，不通不通又不通。你想，烹殺都可以烹殺，虐待倒虐待不得，這是從那裏說起！那只鷄死在目前，還爭這須臾的虐待不虐待做什麽？外國人多管閑事，要替不會開口的動物主張公道，弄出一個什麽國際慈護動物會，還要把這種理性推行到開化最早道德高深的貴國來，怎能叫人心服！

但是話得說回來，如果你承認一切動物都有知覺，那末虐待動物，無論如何是使不得的。別說人家把你倒提着走，你受不了，就是尋常的呵罵你幾句，也何嘗好受。將心比心，物我一體，你自然會覺得那外國理性不錯，國際慈護動物會的主張有根據了。再說歐美的道德立場是唯物的，本不能和我國的相提並論，他們以為動物死了便完了，死了便沒有痛苦的知覺，與其活着而使之受苦，倒不如爽爽快快的把他殺死。所以一匹馬病了，有法醫治呢，儘着醫藥的可能給它治療，一朝醫生說沒希望了時，就拿槍對它腦門一轟，很平靜迅速地結束了它的性命。這種槍叫作 Humane Killer，意思是人道主義的兇器。據說百年以前，醫藥之學還未發達，不治之症，遠比現在爲多。那時的人，怕醫生如閻王，因為如果你患的病一朝發展到沒有希望，他便會慈悲起來，給一劑長眠靈藥你服，豈不危乎險哉！不過這只是那時的傳說而已，究竟是否如此，無法證實。可是這種為要達到利他的目的，而以戕害它的生命為手段，在佛教的立場當然是說不過去的。但在唯物的立場，我却無詞可以非難。可憾的是：以唯物標榜的歐美，倒以不虐待動物相尚

本期目錄

一九四七年覺有情半月刊第八卷十月號書影一

。同胞五人，季廣最穉且羸，而聰穎純正，不類羣兒。成童後，受業雙流劉仲韜之門，習性命修養之學，始得免於夭札。嗣從劉宥齋治經史諸子及詩古文詞。宥齋，仲韜之弟，以文史之學鳴於時，入室弟子，首推季廣。是故弱冠之年，即助教於宥齋所辦之尙友書塾，於其同門，多所裁成。三十後始入劉甫澄軍幕，旋以不偶於俗，北遊平津，主梁漱溟，得見省元老人，而從此爲佛教徒矣。返川後，居崇慶縣苦素念佛三年。又以父母兩喪，寧歿未安，暇則偕世讀陳師明遍訪吉壤，卒賴師明資助，得以遷葬父母龕於崇。因與信佛士女創辦崇慶縣佛經流通處。季廣首捐洋五百元以爲衆倡，並遍函各省緇素同仁，徵購佛典。又於崇慶城內小白華山饒設放生祠。在蓉約集劉甫波，陳梓廬等居士創辦成都崇義橋，新繁興隆堰，金堂淮州各地放生池，並創組崇義橋佛書閱覽處。此宏法利生之見於行事者。其淨土徵進及講生語爾書，晏晝不綴，有益世道。臨終前一月，校勘古本傷寒雜病論告竣，醫界爲謂可以照千古醫學之沉霾。刊布流通，其兄叔養任之。嗚呼，是亦可以傳矣。遺孤永讓永讓。妻姜詠莪，雖爲產，節勵冰霜，能以季廣之志爲志云。

覆某先生書

陳攖寧

（前略）承教謂三界火宅，宜取涅槃，自是正論。惟涅槃境界須得善惡都莫思量，陳義太高，初機難入，故捨了義而取不了義。若就利生一方面說，證涅槃後，於有情世間不無咫尺天涯之隔，似與鄙願相違，故捨無爲而取有爲法。昔者五祖衣法傳盧能不傳神秀，黃檗讚禪揚歸宗而抑牛頭，後人遂謂『本來無一物』勝過『時時勤拂拭』，向上關捩子，牛頭猶未知。愚則不作此解，只認爲彼此因緣不同，實無優劣之可言也。莊子見道處自謂超過老子，然實際上老子利人處多，莊子利人處少，世間可以無莊子，而不可以無老子。老子玄言，又非孔子所能及，然老子爲教則不若孔教之廣大。莊子可比祖師禪，老子可比如來禪，孔子則似淨土宗也。

或問既然如此，何不專弘淨土，橫出三界，自利利他。須知弟平日是現外道身者，究與清一色之佛教徒有別，若改弦易轍，人將謂我無條件投降，四禪天本是佛教與外道共住之境，故不妨趣向耳。密教謂摩醯首羅天王乃大日如來之勝報，顯教謂色界天王皆十地菩薩之化身，而彌勒且住欲界天等候下生，往年淨土法門尙未普及時，佛教徒常有求生兜率天者，白居易詩云：『海山不是吾歸處，歸卽應歸兜率天』，白初學仙，無所得，轉而學佛，故如是云爾，欲界既可去，色界更無妨矣。

今日全國佛教徒百分之九十以至西爲歸宿，最怕說昇天，其用意蓋避免貪求樂欲之嫌。弟不知西方極樂與天界之樂有何差別。若謂淨土無男女之欲，然色界又何嘗有此一事。若謂生西則壽命無量，三災所不能到，生天則福報有盡，仍不免墮落，況火災能壞初禪，水災能壞二禪，風災能壞三禪，若生淨土，則無諸患，此義弟未嘗不知，知而故犯，必另有說，暫不具論。

再者，今人所謂出三界者，皆指往生西方淨土一法而言，尊意所謂出三界者，當是指一法不立之禪宗而言。然永明壽禪師則於此二者顯分優劣，其言『有禪無淨土，十人九蹉路，陰境若現前，瞥爾隨他去，無禪有淨土，萬修萬人去，但得見彌陀，何愁不開悟』。永明於向上一着，不能說他無見地，乃輕視本宗而讚美他宗若此，亦深可思也。（永明本是法眼宗再傳法嗣，而淨宗則奉爲第六祖）。後世淨宗所以盛，禪宗所以衰，大半受了這八句話的影響。弟十年前欲爲禪宗爭一口氣，對於永明之說，曾有不滿之表示，今已省前非矣。

三界固是識所變現，西方極樂又何嘗不是識所變現，同一唯識，自無所用其欣厭之情，祇以外道立場，故寧捨淨土而趣色界耳。密教中金胎兩部各種曼荼羅作用，亦不離乎識，卽華嚴天台各種觀想法門，仍是識的作用，甚至於禪家機鋒語錄，也是從識中流出。人若無識，卽不能開口說話，何況要辨別學人之是非。禪宗諸師只許官家放火，不許百姓點燈，雖可接引一二利根，此風已成過去，諸師若生今日，亦無所施其伎矣。

尊函謂淮南子『形神俱沒』之說，近於涅槃，然則賤名攖寧二字，亦可謂莊子之涅槃。當年取此名字，原認爲自己究竟歸宿處，但此是未來劫中事，目下尙不欲挾趣寂滅。佛教小乘阿那含果都是先趣色界，後入涅槃，其差別事相有九種之多（見俱舍論中）。吾國佛教推崇大乘，而輕視小乘，遂弄得有理可談無果可證。而禪宗竟至趣歸亦不爲，成佛皆妄想，其流弊更甚。物極則反，於是乎淨土宗遂取而代之，借乎時節因緣，非偶然也。（後略）

附錄某先生原函

（前略）三界無安，猶如火宅，實爲識師之言。來教以色界爲趣，弟頗未喻其指。三界俱是識所變現，夢幻空花，何勞把捉。妄意淮南俶眞訓所謂形神俱沒，或有近於涅槃境界，未知兄不斥爲斷見否？（攖寧謹按：衆生之病，都陷在『常』字一方面，『斷』字正是對症良藥，但恐其不能斷耳。）

學佛的基本認識

子贍

學佛須有基本認識，有此認識，方能建立成佛路線，若無此路線，徒勞無功，不易入道。歷代弘

一九四七年覺有情半月刊第八卷十月號書影二

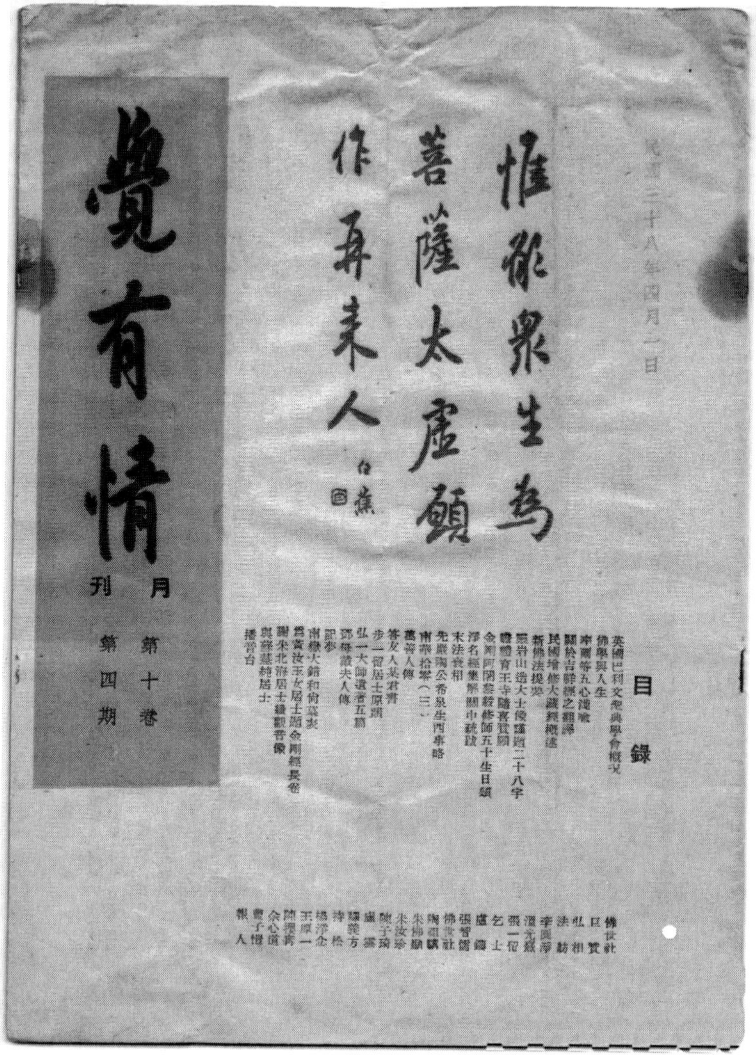

一九四九年覺有情月刊第十卷第四期書影

大師遺教 三（上）

呼籲美蘇英倡導和平

告訴你們！全宇宙人物都是衆緣所成，周遍互相關聯着的。誰要毀滅他以利自，就是毀滅自以害自，希特勒的前車不遠！幸而佔着優勢強勢的，正應依其優強，多爲全地球人類服務。損己益他而他自均利。今日世界惟美蘇或英佔着強勢是無可諱言的，英國仍佔着香港不還，法國也靠一些海軍在進行佔中國的西沙羣島。設非無恥無慚，中國是決不敢以四強五強自居的，所以爲求人類的和平，只要呼籲着二強或三強。

三強曾以德黑蘭會議決定了爲人類正義和平服務，終止德日爲謀害全人類的戰爭。今仍望繼承德黑蘭會議精神而開始人類的眞正和平。

人類眞正和平，是要強者首先放棄威脅着侵擾着他人而圖自己[illegible]

慨慕人生佛教之導師並答客問

陳攖寧

近代佛教中高僧頗多，最負盛名者二人，曰印光大師，曰太虛大師，不但通國皆知，並且名揚海外，要皆數十年堅苦卓絕之精神有以致此，實非偶然。兩師在日，固各雙方互相推重，而其所以爲教者則大異。印師專弘淨土，責無旁貸。太虛大師則以革新佛教爲己任，目的在倡導人生佛教，就原有教義上，用綜合整理之方法，以適應時機，有似乎馬丁路得之改革耶穌教，而手段則比較和平多矣。雖然，此等事業，談何容易。挺傑出之才，歷難行之道，則天艱地，百折不回，新佛教體系，尚在萌芽，而導師已逝，吾人能不爲之長歎息耶。

不才平日與太虛大師極少親近之緣。惟景仰其人格偉大，思想超拔，學識淵博，器量寬宏，遇事尤能勇往直前，任勞任怨。即使離開佛教而言，亦不失爲普通做人的模範。十年前不才提倡神仙學術時，太虛大師於海潮音上曾有長篇文字，批評拙著仙學各書，不才頗能諒解其維護本教之苦心，初次不欲在刊物上顯然與之開辯論。但間接致函某君，託其轉達太虛大師，說明我的用意。彼此並未直接通函，事後亦無下文。

民國二十六年春季，忽有素不相識之某君來函云，擬由南京往滬西梅隴□間造訪敝廬。不才急覆函勸其勿來，並詢其何由得知敝處地址。伊二次來函言，曾隨委員長遊奉化雪竇寺，與太虛大師閒話，表示自己性雖好佛，亦喜學仙。佛教中像太虛大師這樣人物，幸得常蒙開示，亦可以無憾。並且各處尚有許多佛門善知識，遇着機緣，不妨隨時參學。獨惜仙道人才缺乏，無從問津。外面道門雖多，皆不能令我滿意。吾師交遊甚廣，亦知專門仙學現今尚有人才否。太虛大師說，眞正仙學人才，誠感覺寥落，但亦非絕無。余問其人何在，師遂將尊處地名告我，因此得知云云。

不才當日爲仙學奮鬬，本擬用全副精神，犧牲十載光陰，指摘佛教大藏經中所有一切矛盾及缺點。因感於太虛大師洪度雅量，無形中變其態化，乃將已成之稿燬毀，未成各篇亦棄而不作，僅發表「辨楞嚴經十種仙」一篇，遂從此停止筆戰。震動一時的仙佛論辯，漸漸歸於煙消火滅，因此佛教學理上遂少了一個敵人，足見太虛大師手段之高明，而其護持佛教，更具有異常之方便，絕非其他固執成見拒人於千里之外者所能及。

覺有情半月刊載慨慕人生佛教之導師並答客問書影

陳攖寧文集・八　目錄

仙佛零稿卷

第十三函……（八六）

仙佛零稿卷

仙道理法類

最上一乘性命雙修二十四家丹訣串述

陳攖寧　選輯

第一

光明寂照遍河沙，凡聖原來共一家；一念不生全體現，六根纔動被雲遮。

第二

真心浩浩妙無極，仙佛聖賢從裏出；世人執著小形骸，一顆玄珠迷不識。

第三

兩儀肇分於太極，乾以直專坤闢翕；惟賴中間玄牝門，其動愈出靜愈入。

第四

天地之間猶橐籥，橐籥須知鼓者誰；動靜根宗由此得，君看放手有風無。

第五

性之根兮命之蒂，同出異名分兩類；合歸一處結成丹，還爲元始先天炁。

第六

先天至理奧難窮，鉛產西方汞產東；水火二途分上下，玄關一竅在當中。

第七

一竅虛空玄牝門，調停節候要常温；仙人鼎內無他藥，雜鑛銷成百鍊金。

第八

天機秘密難傾吐，顏氏如愚曾子魯；問渠何處用工夫，只在不聞與不覩。

第九

聞於不聞好温存，見於不見休驚怕；尤貴勿忘勿助間，優而游之使自化。

第十

杳冥纔覺露端倪，恍惚未曾分彼此；中間主宰這些兒，便是世界真種子。

第十一

恍惚之中尋有象，杳冥之內覓真精；有無從此交相入，未見如何想得成。

第十二

天心復處是無心，心到無時無處尋；若謂無心便無事，水中何故却生金。

第十三

忽然夜半一聲雷，萬户千門次第開；若識無中含有象，許君親見伏羲來。

第十四

西南路上月華明，大藥還從此處生；記得古人詩一句，曲江之上鵲橋横。

第十五

塞兑垂簾默默窺，滿空白雪亂参差；殷勤收拾無令失，佇看孤輪月上時。

第十六

妙運三田觀上下，團成一氣合西東；憑君遥指崑崙頂，夾脊分明有路通。

第十七

子時氣到尾閭關，逆轉河車透甑山；要在八門牢閉鎖，火符進退任循環。

第十八

只求一味水中金，鎮攝虛無造化窟；促將百脈盡歸根，念住息停丹乃結。

第十九

怪事教人笑幾回，男兒今日也懷胎；自家精血自交媾，身裏夫妻真妙哉。

第二十

從此仙苗漸現形，隨時灌溉守黃庭；養胎八九功將熟，忽覺凡軀已有靈。

第二十一

饑餐渴飲困來眠，大道希言順自然；十月聖胎超脫出，奔雷震裂上丹田。

第二十二

空不頑兮色不礙，世界能壞他不壞；有爲事畢又無爲，無爲也有功夫在。

第二十三

法身剛大包天地，真性圓明貫古今；若未頂門開具眼，休誇散影與分神。

第二十四

打破虛空消億劫，既登彼岸捨舟楫；　閱盡丹經萬萬篇，末後一句無人說。

右二十四段詩歌，出於二十四人手筆，余將其集合一起，先後排列，頗具深心。前已付翼化堂用彩色排印於信箋上，分贈好道諸君。惜字跡不甚明顯，閱者每易忽略過去。茲特重刊於此，作爲對照。學者果能全部貫通，即身就可成仙作佛，不必待到他生後世矣。若是妄語，甘墮拔舌地獄。

或問：「『既登彼岸捨舟楫』末後一句，究竟如何？是不能說乎，抑不肯說乎？」答曰：「古人不肯說耳。」或問：「何故不肯說？」答曰：「恐根器淺薄之人聞而驚駭，遂致失其信仰心耳。」或曰：「先生之學，素以徹底見稱，今日何妨相告？」余曰：「君勿驚駭。」或對曰：「決不驚駭。」余曰：「有幾分信仰？」或對曰：「有十二分信仰。」余曰：「可矣。『既登彼岸捨舟楫，再入輪迴做眾生。』」問者默然含笑而退。

丙子孟冬攖寧子陳圓頓識

載民國二十五年（一九三六年）十二月一日揚善半月刊第四卷第十一期（總第八十三期）

劍仙口訣

陳攖寧　傳

一

五更星未滅，緩步出山門。昂頭向東立，解帶寬衣襟。鼻吸一口氣，直入丹田中。周身用神力，吐出疾如風。先似一枝箭，後如一條線。既要冷於冰，又要白如練。氣出須緊急，不可鬆與緩。兩眼定精光，萬事都不管。神氣扭成團，倏忽乾坤寒。山林陰寂寂，閃電出眉瑞。鍊士莫驚恐，氣堅神不動。就此起殺機，一意頻吞送。日出陽光生，停功歸靜室。舒體任逍遙，一段工夫畢。

二

每月十五六，仰臥面對月。將吾靈劍魂，上與月魄接。若問如何接，先把眼光攝。定睛觀月華，寒光散霜雪。初覺大如盆，繼覺小如碟。先看四面鬚，再看鬚復滅。遠看在天邊，近看在眉睫。猛然神一收，頓覺天地窄。神氣偶恍惚，胸中如物迫。冷逼人難當，脫然衝口出。直向月宮飛，死力吞回腹。勿使久遲延，恐怕魄散失。急急回煖房，溫和運氣血。

以上二段功，劍仙根本訣。切忌犯淫慾，氣衝五臟裂。此爲內鍊法，男女同一轍。還有外鍊功，變化不可測。自古戒妄傳，尋師親口說。

陳攖寧傳胡海牙老師手寫本

最上乘天仙修鍊法

陳攖寧　傳

此法以真心爲主，以真炁爲用，以三寶爲基。外三寶耳目口不漏，內三寶精氣神自合，始得天人外內感應，先天一炁自然攝入身中。

吾人肉體所有物質，皆屬後天陰濁，不能超凡入聖。惟先天純陽之炁，至靈至妙，杳冥莫測，恍惚難圖。雖曰外來，實由內孕。先天元動力若不借後天物質，將何以招攝；後天若不得先天，亦不起變化。此乃無中生有，有裏含無；無因有孕之而成象，有因無點之而通靈。

仙家妙用，雖着重採取先天一炁以爲金丹之母，點化凡軀而成聖體，須知道法自然，非勉强作爲可致也。

第一步

神不離氣，氣不離神；呼吸相含，中和在抱。不可搬運，不可執著；委志清虛，寂而常照。

第二步

神守坤宮，真炁自動；火入水中，水自化炁。熱力蒸騰，周流不息；恍恍惚惚，似有形狀。此是藥物初生，不可遽採；倘或絲毫念起，真炁遂喪。

第三步

神守乾宮，真炁自聚。始則凝神於坤爐，煆鍊陰精，化爲陽炁上升；次則凝神於乾鼎，陽炁漸積漸厚，晶瑩晃耀，上下通明。此時内真外應，先天一炁從虛無中自然而來。非關存想，不賴作爲。當先天炁來之候，泥丸生風，丹田火熾，周身關竅齊開，骨節鬆散，酥軟如緜，渾融如醉。

第四步

一神權分二用，上守玄關，下投牡府。杳杳冥冥之中，紅光閃爍，由腦部降落下丹田，自己身内真炁，立刻起而翕引，波翻潮湧，霞蔚雲蒸，甘露瓊漿，滴滴入腹。即此便是金液還丹。須要身如磐石，心若冰壺，方免走失。

第五步

神守黃庭，仙胎自結。朝朝暮暮，行住坐臥，不離這個。十月胎圓，玄珠成象；三年火足，陰魄全銷。身外有身，顯則神彰於氣；形中無質，隱則氣斂於神。九載功完，形神俱妙；百千萬劫，道體長存。

此篇不過五百四十字，包括全部丹法在內。無論南派、北派、東派、西派、陳希夷派、張三丰派，皆不出此範圍。只有其他中下品、旁門小術、江湖邪教等等，纔與此法不符。

余觀前人所著丹經，多用喻言，滿紙異名，讀者頭昏腦脹；而且條理不清，程序錯亂，使人無從下手。往年閱過道藏五千四百八十卷，又道外的雜書、道書數千卷，共計約近萬卷，皆未見有如此直截了當、簡易明白者。

此篇口訣，雖昔由師授，而紙筆記載者，則始於今日。凡我同志，以夙世因緣，方能遇此，幸勿輕視。永宜珍藏愛護，切不可妄傳於與人。

一九五五年乙未立秋日陳攖寧抄給胡海牙於慈海醫室

陳攖寧傳胡海牙老師手寫本

眾妙居問答續八則

陳攖寧

「仙學」二字之界說，恐人不易明了，今附抄十七年前拙作數條於後。

第一問　仙學之說於古有徵否？

答　所謂仙學，即指鍊丹術而言，有外丹、內丹二種分別。自古學仙之人無不鍊丹者，此等人常隱藏於儒、釋、道三教牌頭之下「牌頭」是俗語，例如質問人曰「你靠什麼人的牌頭」，不能獨立自成一家學說。試看參同契冠以周易之名，悟真篇又附會老子之語，其實與易經、道德經毫無關係。後來如仙佛同源、仙佛合宗、慧命經等書，又將佛法拉入仙學之內，而佛教徒亦不肯承認。故東漢至現代，此一千九百年間，逐成爲有仙無學之局面。這班學仙的人，將儒、釋、道三教之名詞與義理渾合組織，做成遮天蓋地一個大圈套。彼等躲在此圈套之中，秘密工作，務其實而諱其名。如此圓滑行藏，常常招惹儒教之排斥，釋教之厭惡，甚至於道教亦根據老莊「清靜無爲」之旨，而拒之於門外。彼學仙者流，竟弄得東家不收，西家不納，進退失據，左右爲難。我今日迫不得已，將仙學從三教圈套中單提出來，扶助它自由獨立，擺脱彼等教綱之束縛，然後始有具體的仙學可言。敢謂仙學證驗之方法，雖歷代先哲所遺傳，而仙學獨立之精神，前人實未嘗注意到此。抱朴子頗有這種精神，惜方法不足以應用；老子上也有許多修養的精義，但與悟真篇的作用不同。

第二問　儒、釋、道、仙四家宗旨何在？

答　儒家的人生觀是庸常的，其宗旨在率由舊章，其流弊則尊古卑今，而妨礙民族社會之進步。如中國婦女纏足的惡習，歷代儒家從來不肯提議改革，可見他們保守性何等頑固。纏足是民間惡習，並非先王的禮教，也不是後王的法制，何必要保守？

釋家人生觀是迷妄的，其宗旨在明心見性，其流弊則思想與現實相抵觸，而理事不能無礙。華嚴宗標榜「理事無礙」，完全是空談。

道家人生觀是自然的，其宗旨在清靜無為，其流弊則墮於消極的厭世主義，而放棄有為之事功。這是莊子的大病，老子尚不如此。

仙家的人生觀是缺憾的，其宗旨在改造自然，其流弊則不求實踐，而變成虛偽荒誕的神話。老子頗想救世，莊子則極端的厭世，兩家宗旨不同。後世老莊並稱，未免錯誤。

第三問　仙學比較理學、佛學、玄學有何不同？

答　理學乃宋儒所講之學，彼等皆側重於世間做人的道理，充乎其量，不過希聖希賢而已。雖有時論及形而上者，亦止於空理而不切實用。假使我們嫌普通人類之身體桎梏，壽命短促，能力薄弱，不甘聽其自然，而想求得一種改造自然之學術，以滿足吾人之願望，彼等即無辭以對，這就是理學的缺點。若仙學則可以補救此缺點而有餘。

佛學乃釋家之學，立在與仙學反對的地位。宋、元、明、清四朝的道書，每喜將仙佛兩家之說混合一處，牽強附會，非但不知佛，亦不知仙。佛無法和宇宙定律相抵抗，眼見世間生老病死難以避免，故說「諸行無常」；仙要推翻宇宙之定律，我命由我不由天，故說「長生不死」。佛最後結果是涅槃，涅槃現象就是身體死亡，涅槃意義就是精神寂滅；仙最後結果是飛昇，飛昇現象就是重濁有生命的肉體化爲輕清有生命的炁體，飛昇的意義就是離開短命的世界而昇遷到長命的世界，永不寂滅。「仙」字古寫作「僊」字，「僊」者「遷」也。先遷化其形質，然後再遷移到適合此形質寄託之處所，與飛昇之義相同。

玄學乃道家之學，唐朝嘗列之於學官，凡習老子、莊子、文子、列子各書者，在當時皆稱爲玄學。此等書中雖亦偶有關於修養之言，然總不能稱之爲丹經，不能認其爲仙學。又如「玄旨」「玄談」「玄機」「玄覽」「玄悟」「玄妙」等名詞，凡帶上一個「玄」字的，都有點令人難以捉摸。仙學乃實人實物、實修實證、實情實事，與彼專講玄理者不同，故只能名爲「仙學」，而不能名爲「玄學」。

第四問 仙學與道教是一是二？

答 道教中的正一派，創始於漢末張道陵，發揚於北魏寇謙之；道教中的全真派，創始於宋末王重陽，發揚於元初邱長春。正一派歷史不過一千八百幾十年，全真派歷史不過六百六十年左右。西漢大儒劉向撰列仙傳，記載古代仙家事跡七十二人；漢書藝文志分方技爲四種，其中即有「神仙」一種，並著錄仙學書籍若干卷，此時尚無所謂「道教」。攷吾國的仙學，自堯舜以前即有之，如神農本草經中屢見「輕身延年」之說；又如黃帝素問一書，其學說之粗淺者屬醫學範圍，其理論之精深者即仙學初步。史稱「黃帝且戰且學仙」，又言「以地黃元年正月甲子遊名山以求神仙」。今河南省臨汝縣之崆峒山，即當日黃帝訪道於廣成子處。甘肅省亦有空同山，黃帝亦曾到過，但非廣成子所居。史又言：「神農氏在位一百四十年。」料其本人壽命當不止此數，至少也有一百八十歲左右。因爲神農乃開國之君，不是繼承帝位，其本人必須先立大功，並且於政治多有經驗，然後方能受人民之擁戴，故非到四十歲不能登帝位。在位一百四十年，再加以前四十年，合爲一百八十歲。此數不可謂是虛構。若無修養方法，如何能得偌大年齡？足見仙學來源最古，尚在軒轅黃帝以前五百年，至今有五千餘年之歷史，與中華民族之文化同源。後世道教中人雖亦有從事於仙學者，而仙學則不以道教爲根據。或疑神農本草經是後人所作，非神農時代之書。此事陶弘景已說過。其言曰：「軒轅以前，文字未傳，藥性所主，當以識識相因，至於桐雷，乃著編簡。此書當與素問同類，所出郡縣，乃後漢時制，疑仲景、元化等所記。」此說甚是。漢書藝文志有黃帝內經，無神農本草經，但有神農黃帝食禁七卷。「食禁」二字，周禮賈疏引作「食藥」，或即本草一類之書。須知上古文具缺乏，作書不易，皆是師口口相傳，弟子以腦記，代代相傳不絕，至後來方寫於竹帛。書雖成於後人，而方法則傳自古代。謂後人有所增益則可，謂完全是後人所創造則非。

第五問　仙學是哲學還是科學？

答　欲解決此一問題，先要明白哲學與科學之定義。

所謂哲學者，是以宇宙間萬事萬物爲對象，而普遍的、綜合的加以思考與認識之學。如儒家六十四卦的周易、佛家百法的唯識，皆可稱爲哲學。

所謂科學者，是就世界上每一類事物作實驗的研究和分析，而得到有系統的知識及歸納的方法。如物理、化學、心理、生理、天文、地質、動物、植物、礦物等學，稱爲自然科學；如工業、農業、醫藥、衛生、冶金等學，稱爲應用科學；如歷史、地理、教育、政治、法律、經濟等學，稱爲社會科學。

仙學是縮短人類進化的過程之學，不是宇宙觀和人生觀的概念，故不屬於哲學範圍。仙學有方法可以實驗，有系統可以研究，有歷史可以考證，不能說它是非科學的。但仙學之作用，是要改造自然現象，不是僅以了解自然現象爲滿足，故非自然科學；仙學初步之却病延齡雖與醫藥衛生有關，外丹爐火雖與鍊礦冶金有關，但皆未發展到一般可以應用之程度，故亦非應用科學。只可名爲「特殊的科學」。

第六問　如何是人類進化？

答　要明白進化之義，先要研究人類之起源。此事約分三說。

第一說：人是上帝造的。上帝最初摶土爲人，造一男性，名亞當；又取亞當的肋骨，造一女性，名夏娃。此二人即人類的始祖。此說乃耶教所主張，毫無理由，儼如童話。

第二說：地上人類最初是天界降下來的，因爲吃了地面產生的食物，身體變爲重濁，不能再回到天上，遂留在此世界上作人類的始祖。此說乃佛教所主張，似乎好聽一點，可惜没有證據。

第三說：人的始祖是似人猿類，因爲這種猿類有創造能力，並取得各種有利的條件，經過長久時期，逐漸進化，變爲今日的人類。此說乃生物學家所主張，有理由，又有證據。

我們現在承認第三說。須知進化是無止境的，古代之猿既能進化爲今日之人，安知今日之人不能再進化爲將來之仙？世俗一聞到「仙」字，每覺得奇怪不可思議，若在猿類的眼光中看我們人類，也是不可思議。因爲彼此程度相差太遠，遂有這種感想，並非不可思議。但不可坐待，應當積極發揮自己創造之能力，若一切聽其自然，豈但不能進化，恐怕還要退化。古代猿類中富於創造性者，即能進化爲人，其無創造性者，至今仍舊是猿，再經過長久時期，猿的種類不免更要減少，甚至於消滅。我們如果想由人類進化爲仙，亦要努力創造，不可聽其自然，因此就應當研究仙學。

第七問 如何能够縮短進化的過程？

答 由猿進化爲人，所經過時間極長，至少亦需數十萬年。若再由人進化爲仙，其中所需要的時間亦可比例而知，非今日有知識的人類所能久待，必須用一切方法幫助，始可望其速成。這些方法都是縮短進化過程之學，除各種科學而外，仙學尤爲專門。

仙學中分兩大部分，即住世仙學和出世仙學。住世仙學中包括身體健康法、壽命延長法、駐顏不老法、人種改良法，這些方法如果能普及，則進化過程當然可以縮短。在別種科學上，雖亦有類似之法，大概要借助於身外的物質，在仙學上只憑自己修養的工夫。物質條件，非經濟寬裕者不能辦；修養工夫，只要有恒心毅力，人人皆可以奉行，此乃仙學與其他科學不同之處。出世仙學比住世仙學更進一步，須得初步工夫有了基礎，方可從事於此。其中包括斷煙火食法、肉體化炁體法、炁體出入自由法、炁體聚散隨意法、炁體絕對長生法、炁體飛昇到另一世界法。此乃專門仙學所獨有者，別種科學萬難做到。但必須下多年苦功，方有成就。普通人不敢問津，只好將歷代遺傳之學說加以整理改編並保藏，留給後代子孫去實驗。惟初步的住世仙學適合今日人類所需要，若要緣凑合，不妨隨分提倡。

第八問 所謂長命世界者是否一種幻想？

答 是理想，不是幻想。幻想無根據，理想有根據。地球順着軌道環繞太陽一周，所經過的時間在曆法上稱爲一年，在壽命上即算是一歲。假定人類壽命爲一百歲，地球上一百歲比較其他七大行星上一百歲，其時間之長短，各不相同。

水星上一百歲等於地球上二十四歲；

金星上一百歲等於地球上六十一歲；

火星上一百歲等於地球上一百八十五歲；

木星上一百歲等於地球上一千一百八十六歲；

土星上一百歲等於地球上二千九百四十五歲；

天王星上一百歲等於地球上八千四百零二歲；

海王星上一百歲等於地球上一萬六千四百七十六歲。

以上是按七大行星繞太陽一周所經過時間之長短和地球上一年的三百六十五日作比例推算，零數不計。前三星及地球，我們稱爲「短命世界」；後四星，我們稱爲「長命世界」。

人的身體，是固體、液體、炁體和靈性所構造；仙的身體，是單純炁體和靈性所結成。人沒有肉體，即不能生活；仙離開肉體，更可以長存。肉體構成的成分複雜，故不耐冷熱，熱極則腐爛而亡，冷極則凍僵而死；　仙是單純的炁體，故冷熱皆無妨害，熱極不過身體膨脹放大而已，無所謂腐爛，冷極不過身體收縮緊密而已，無所謂凍僵。仙在此世界上，雖暫時以肉體爲房舍，若一旦遷移到其他世界，即拋棄肉體，僅用炁體上昇，熱極之處如木星、土星，冷極之處如天王、海王，皆可以去。但冷處尤爲相宜，愈冷則炁愈團結，而神愈堅凝，因此壽命遂無限量。據天文學家說，木星直徑比地球直徑大十倍以上，土星直徑比地球直徑大九倍，因爲體積甚大，所以至今未冷，表面還是熾熱；　海王星直徑比地球直徑只大四倍以上，天王星直徑比地球直徑只大四倍，而且距日甚遠，所以極冷。此外尚有所謂冥王星者，爲太陽系中第九大行星，乃一九三〇年所發現，公轉周期尚未測定，距日較海王更遠，其冷必更甚於海王可知。

以上所說，雖屬理想，未成事實，然理想爲事實之母，常常走在事實的前面。科學家的態度，當事實尚未發現時，本容許理想假說之存在，等到將來有事實證明，假說即成爲定論。今姑且保留以上諸說，待後學作進一步之探討。

現代科學家常想用無線電與火星上人類互通消息，又言彼處人的身體比地球上人爲輕，行動如飛，而且智能亦勝過我們。科學家更想做一種特別飛行器具，帶着人的肉體，並肉體生活所必需之養料，超昇地球以外，到月球上去探險，又言將來別的星球上人類設若向地球上作侵略戰爭，我們可借用月球作前衛基地。像這些奇怪的話，何嘗不是理想？但亦不敢斷定在無限量的將來永不會有事實發現。唯科學家不懂改造肉體之方法，處處被肉體所累，乃最大的缺憾。

眾妙居問答原載於民國二十六年（一九三七年）六月十六日揚善半月刊第四卷第二十四期（總第九十六期），題署「高堯夫問，陳攖寧答」。原文只有前四問，本篇是胡海牙老師根據陳攖寧遺稿整理

與朱昌亞醫師論仙學書

陳攖寧

昌亞醫師惠覽：

日前接奉致室人彝珠書並詩四首，得悉尊志超凡脫俗，較彼庸衆之狃於近習而忽於遠慮者，迥不相同，至可欽佩。大作第四首云：「人間自有奇兒女，立志飛昇上九天。」愚意最贊成此二句，以爲此等事雖萬分艱難，不易實現，惟翻閱列仙傳記，每一朝代，總有幾人成功，足以推知其非絕無希望者。縱令舊籍所載都屬虛僞，即由吾輩創始，亦未爲不可。何況前人尚留下遺軌便於遵行乎？

滿清二百數十年間，全國中男子之優秀者，概爲八股文所牢籠；女子之聰明者，又被舊禮教所束縛。神仙學術，非但不敢驗之於身，並且不敢出之於口；非但不許尋師訪友，並且不許讀其書。我十歲左右，喜看漢魏叢書中葛洪神仙傳，但不敢讓大人得知，若知之，必痛責也。於是乎謹愿之徒，羣歸於儒；超脫之士，則遁於釋。

儒教雖近乎常情，而其流弊則不免頑固而迂腐。釋教雖似乎高妙，但其弱點在不認識現實之人生。釋教認爲人生是幻妄的，遂起厭惡肉體之觀念，而對於肉體有密切關係之衣、食、住、行四項，竟無法可以免除。一方面認爲幻妄，一方面尚要營求，此乃絕大矛盾。我研究仙學，已四十餘年，知我者固能完全諒解，不知者或疑當此科學時代尚要提倡迷信。其實我絲毫没有迷信，惟認定仙學可以補救人生之缺憾，其能力高出世間一切科學之上，凡普通科學所不能解決之問題，仙學皆足以解決之。而且是脚踏實地，步步行去，既不像儒教除了做人以外無出路，又不像釋教除了念佛而外無法門，更不像道教之畫符念咒、拜懺誦經。可知神仙學術乃獨立的性質，不在三教範圍以內，而三教中人皆不妨自由從事於此也。此處所謂釋教、道教皆指近代而言，非言往昔。

自古儒教之學仙者，如漢朝大儒劉子政、宋朝大儒邵堯夫；釋教之學仙者，如宋之道光禪師、清之華陽禪師；道教之學仙者，更不可勝數。此外，若王子喬乃周靈王之太子，東方朔乃漢武帝之倖臣，馬鳴生齊國之吏胥，陰長生漢室之貴族，魏伯陽隱逸之流，左元放方術之士，吕純陽唐之進士，劉海蟾燕之宰相，鍾離位列將軍，三丰身爲縣宰。以上所舉諸位，世俗相傳，皆承認其有神仙資格。然都是在家人，而非出家人。豈但不是和尚，並且不是道士，亦復不是孔老夫子之信徒。後人將神仙學説與儒、釋、道三教義理混合爲一，而神仙真面目遂失。譬如白淨皮膚上，塗了許多顏色，自以爲美觀，適足以貽譏於大雅耳。

君留學美國，亦已多年，科學腦筋，自不待言，新醫知識，當然豐富。在他人或不免存滿足之心，在君反益見謙虛之量。既確知生死大事徒恃醫學不足以解決，遂進一步而求神仙之學術，發超人之思想，若非夙根深厚，天賦聰明，其孰能與於此？寶應陳悟玄女士曾問我：「福慧兼全之女子，將來可期成就者，現有何人？」我答：「世人福慧兼全者，居極少數；若福慧兼全而又好道，並且可期成就者，今日女界中誠不易得見，正在留意訪求」云云。今既得君，將來或有合格之希望乎！

君目前爲醫務所累，尚未到實行修鍊時期，故宜先從事於學理之研究。今將女子修鍊須知各節，略述於左，以供清覽，並使海內外好道諸君有所參考，蓋從彝珠之願也。

仙學首重長生，長生之說，自古有之。老子曰：「深根固柢。」莊子曰：「守一處和。」素問曰：「真人壽蔽天地，至人積精全神，聖人形體不敝。」然理論雖著於篇章，而法則不詳於紀載，學者憾焉。自參同契、黃庭經出世而後，仙家鍊養，始有專書。唐宋以來，丹經博矣，而隱語異名，迷離莫辨；旁支曲徑，分裂忘歸。既不明男子用功之方，遑論女修之玄要乎？上陽子云：「女子修仙，以乳房爲生氣之所，必先積氣於乳房，然後安爐立鼎，行太陰鍊形之法。」又丹經常言：「男子修成不漏精，女子修成不漏經。」若問氣如何能積，經如何不漏，則未嘗顯言。黃庭經云：「授者曰師受者盟，攜手登山歃液丹，金書玉簡乃可宣。」參同契云：「若遂結舌瘖，絕道獲罪誅。寫情著竹帛，又恐洩天符。」又云：「三五與一，天地至精，可以口訣，難以書傳。」是知修鍊家隱秘之習，不自今日始矣。

口訣不肯輕傳之理由，詳言之，有十四種，已見於拙作口訣鈎玄錄中，不復贅述。今特簡而言之，大端有六。

（一）有生有死，造化之常，而仙學首重長生不死，與造化爭權，若輕洩妄談，則恐致殃咎。

（二）邪正之判，間不容髮，邪人行正法，正法悉歸邪。口訣不載於書者，恐為邪人所得。

（三）其得之不易，故其傳之亦不易。百藝皆然，丹訣尤甚。

（四）道可明宣，使世間知有此事；術宜矜慎，俾師位永保尊嚴。

（五）世鮮法眼，誰識陰陽？若不深藏，易招毀謗。

（六）在傳授者本意，是欲接度有緣。若偶一失察，則得傳授者，或不免視口訣為奇貨可居，當作商品交易，與傳授者本意相違，故不敢輕傳。

以上所列隱秘不傳之理由，概指正法而言。若夫江湖方士，假傳道之名，為歛財之具者，不在此例。余既深悲夫羣鶩於形而下者而忘返也，輒欲抉破古人之藩籬，以顯露其隱秘。俾卓犖不羈之士，富於高尚之思想者，不至誤用其聰明而陷於危域。然事與心違，徒存虛願，今亦僅能擇其可言者言之而已。

茲先論女子修鍊之派別。

從來丹訣，重在口傳，不載於書，而女丹訣尤甚。今欲窮原竟委，俾成爲有系統之研究，非易事也。考以前道家分派之法，有以人分者，如邱長春之龍門派、郝太古之華山派、孫不二之清淨派等等；有以地分者，如北七真派、南五祖派、陸潛虛之東派、李涵虛之西派等等。然此種分派，對於女丹訣，頗不適用，且爲教相之分派，而非科學之分派。愚意認爲，女丹訣之派別，不以人分，不以地分，當以法分，庶有研究之興味，而便學者之參求。試列如左。

（一）中條玄女派。 此派下手，先鍊劍術，有法劍與道劍二種作用，其源流略見於呂祖全書。現代道門中傳有劍術內鍊歌訣二首，尚可窺見一斑。因其鍊法甚不易，故今世很少有人能得成就者。但此種法門，在仙道中可以自成一派，吾等研究派別者，不能不承認之。中條山，在永濟縣。

（二）丹陽諶母派。 此派重在天元神丹之修鍊與服食，並符咒劾召等事。丹陽乃地名，諶姆乃人名。晉吳猛本爲許遜之師，後許遜盡得諶姆之傳，吳遵姆命，復師許。許真君著石函記，吳真君作銅符鐵券文，二書皆言天元神丹之事，即諶姆所遺傳也。此二書乃丹法中之上乘，世間學道者羣畏其難，不敢嘗試，自明朝張三丰、沈萬三兩君而後，殊乏知音。

（三）南嶽魏夫人派。此派重在精思存想，奉黃庭經爲正宗。黃庭經自魏夫人傳出以後，歷代女真依之修鍊者頗多，如魯妙典、崔少玄、薛玄同等皆是。拙著黃庭經講義，稍具一鱗半爪，得暇請稍稍寓目。

（四）謝自然仙姑派。此派從辟穀服氣入手，當以中黃經爲必讀，再參考諸家氣訣，並各種辟穀休糧之方。年輕體健者，可以適用；年長體弱者，專習此法，恐不相宜。謝自然以十餘歲童女身即已學道，古今能有幾人哉？

（五）曹文逸真人派。此派從清心寡欲、神不外馳、專氣致柔、元和内運下手，自始至終，不用別法，至簡至易。詳見拙著靈源大道歌白話註解。

（六）孫不二元君派。此派即太陰鍊形法，先從斬赤龍下手，乃正式的女子修鍊工夫。詳見拙著孫不二女丹詩註。

以上六派，自魏晉以來一千七百年間女功修鍊法門概括已盡，其各派本身之利弊得失，並彼派與此派難易優劣之比較，雖爲學者所應知，而非今日之急務，暫從緩說。此外，如調和巽艮，夏姬有養陰之方；肌肉充盈，飛燕有内視之術；以及房中秘訣、素女遺經，此皆言不雅馴，事多隱曲，未便公開討論矣。「隱曲」二字，見黃帝内經「二陽之病發心脾，有不得隱曲，女子不月」等語。

再論女子修鍊與年齡之關係。

素問上古天真論云：「黃帝曰：『人年老而無子者，材力盡耶？將天數然也？』岐伯曰：『女子七歲，腎氣盛，齒更髮長；二七而天癸至，任脈通，太衝脈盛，月事以時下，故有子；三七腎氣平均，故真牙生而長極；四七筋骨堅，髮長極，身體盛壯；五七陽明脈衰，面始焦，髮始墮；六七三陽脈衰於上，面皆焦，髮始白；七七任脈虛，太衝脈衰少，天癸竭，地道不通，故形壞而無子也。』以上言人身之常理。帝曰：『有其年已老而有子者，何也？』岐伯曰：『此其天壽過度，氣脈常通，而腎氣有餘也。』此言生理之變例。帝曰：『夫道者，年皆百數，能有子乎？』岐伯曰：『夫道者，能却老而全形，身年雖壽，能生子也。』此言修道之人能挽回造化。」據素問之論，似專指生子而言。然順則成人，逆則成仙，本無二理，惟視其作用何如耳。故女子修仙，亦因年齡之老少，而大有差別。

(一)童女修鍊。 此指十餘歲女子尚未行經者而言。此時身中元氣充滿，渾淪無間，精神專一，嗜欲未開，若其生有夙慧，能從事於道，其成就甚易，較之年長者快捷數倍。蓋童女修鍊，可免去築基一段工夫，直接從辟穀服氣入手，或從清靜無爲、安神靜坐入手。如謝自然之類是也。

(二)少女修鍊。 此指十四五歲至二十餘歲，已有月經，尚未破體之女子而言。此時宜用法將月經鍊斷，復還童女之狀，再做以後之工夫。

（三）中女修鍊。 此指二十餘歲至三十五歲，未曾婚配之女子而言。人身生理，已達盛極將衰之候，此時經期有調者，有不調者；有按時者，有不按時者；有崩者，有帶者；有雜以他種病症，懊惱難言者。必先用醫家與衛生家之法，去其鬱悶，和其氣血，暢其精神，而後工夫方有效驗。較之少女，則又難矣。

（四）長女修鍊。 此指三十五歲至四十九歲守貞未嫁之女子而言。此時天癸將絕，身中生氣，日見衰弱，雖終身未出嫁，然其形體之虧損，較之已出嫁者無異。亦猶男子終身不娶妻，而仍不免於衰老者，其理正復相同。故修鍊下手第一要義，當培補身中之虧損，不必急急於斬赤龍也。

（五）老陰修鍊。 此指四十九歲以後直至六七十歲之女子而言。此時月經已絕，必須日日做工夫採取造化之生氣，以培補自己身中之生氣，使月經漸漸復行，如中年人一樣。然後再默運玄功，漸漸鍊之使無，如童女一樣。此時骨髓堅實，氣血調和，顏色紅潤，聲音柔脆，白髮變黑，落齒重生，名曰「返老還童」。此種工夫，有時需二三十年方能做得完畢。

八卦中，兌爲少女，離爲中女，巽爲長女，坤爲老陰。

（六）少婦修鍊。 此指十六七歲至二十六七歲已出嫁之女子而言。此時情竇正開，慾念方盛，夫妻之恩愛纏綿，家庭之束縛尤甚，對於修鍊一事，極不相宜。縱女之方面有志修鍊，而男之方面必生阻力。貧家婦不必言矣。若彼上無翁姑，下無兒女，而又家富身閒者，雖其夫不願斷絕人事，苟其妻有堅忍之力，又得真傳者，亦可於順行之時，暗施逆行之術。既不妨於人事，又有濟於仙道，一時縱不能超塵脱俗，亦必能永駐華顏矣。但斬赤龍工夫未做好者，不足以語此。

（七）中婦修鍊。此指二十六七歲至四十六七歲已出嫁之中年女子而言。此時有室家之勞心，兒女之繫念，更談不到「修鍊」二字。其夫若再反對者，則絕無希望。若夫與妻同志者，則可互約免除人事，各做工夫。有小兒須哺乳者，必須另僱乳母或用代乳粉及牛乳等餵之，不可以己乳飼兒，以致妨害工夫之進步。

（八）孀婦修鍊。已嫁而寡，無子女，或有子女已長成而能自立者，此時正好踏入修鍊之途，以消遣後半生孤寂之歲月。舊禮教時代，寡婦爲名譽攸關，必須守節。民國以來，守節之風，雖已打破，然再醮之婦，終不免爲人所輕視。何如專門研究仙學，使精神有寄託之鄉，肉體有健康之樂。能成固美，縱不能成，亦可獲良好之結果，決不至於心力虛拋。入手工夫，與未出嫁者大同小異。

以上所述，凡女子修鍊之途徑，大概粗具，是皆前人所未嘗顯言者。我今日爲君言之，蓋與二十年前爲呂碧城女士作女丹詩註同一用意。呂女士後來不知何故又歸入佛門，來世未卜如何，竊恐彼身已不欲向今生度矣。雖然，孫不二女丹詩註一書，若當年無此一段因緣，至今未必遂能脱稿。目前海內外得見此書者，不下兩千數百人（女丹詩註，先登揚善刊，每期送出二千份。後刻木版，印單行本，又銷出數百部），於中總有幾人因此而得度者。追根究底，則當年請求作註之人不爲無功。何況三十六問一出，對於女子修鍊法門，又進一步，閱者獲益當更多矣。未能度己，已先度人，呂女士聞之，諒必引爲快慰也。

今所期待於君者，尤甚於呂。呂之功僅能利人，君今日宜求人己兩利，更爲圓滿。上乘修鍊法門，總以今生成就爲要務，切不可因循懈惰，放棄現實，而懸想來世之空花，是則愚衷所切望也。

前次彝珠回鄉，藉悉君意急欲下手實行，豈不甚善？然而理法之精微，難形於筆墨，他日機緣輳合，容俟劃分段落，當面傾談。

先此奉答，並頌診安！

攖寧覆上

原連載於民國二十六年（一九三七年）一月十六日、二月一日揚善半月刊第四卷第十四、十五期（總第八十六、八十七期），據寫刻油印單行本整理，油印本時間不詳

論白虎首經

陳攖寧

悟真篇西江月詞第三首云：「白虎首經至寶，華池神水真金。」知幾子悟真集註謂：「首經，即五千四十八日之期。此期初至，先升白氣，降爲神水，水中有真金之氣，故曰『神水真金』。」其意蓋指二七天癸爲白虎首經。但悟真三註其說與知幾子不同。

今考陸子野註云：「男子二八而真經通，女子二七而天癸降，當其初降之時，是首經耶？不是首經耶？」觀此數語，乃疑惑之辭，而非決定之論。下文又云：「神水即首經也。老子曰：『上善若水，善利萬物。』真人以首經神水爲喻，言其利生之功，非其他丸散外藥可比。」此一段蓋謂神水即是首經，而神水與首經又皆是喻言，並未指明何物。

再考薛道光註云：「首者初也，首經即白虎初弦之氣，却非採戰閨丹之術。真一之氣，在天曰『真一之水』；在虎曰『初弦之氣』；若鍊在華池，名曰『神水』。此乃真經之至寶，皆不離真一之精。流歷諸處，故有種種之異名，以其能成就造化。經曰：『上善若水。』蓋真一之水，生於天地之先，故曰『上善』。其利源甚爲深遠，却不比尋常後天地滓質之物。」請觀此段中連用四個「真一」字樣，學者應當特別注意。至於二七天癸，雖可名爲首經，試問與「真一」二字何涉？

再考上陽子註云：「白虎爲難制之物，倘用之不得其道，豈無傷人之理？首經爲難得之物，倘求之不失其時，必有天仙之分。只此白虎首經，强名先天一氣。仙師太忒漏盡，薛陸註之太詳。世之愚人，若指爲採戰之說，或謂閨丹之術者，則禍及於身。學者若知『三日月出庚』之旨，方許求華池神水之丹。」據此一段而細察之，雖有「求之不失其時」及「三日月出庚」之說，安知不是指每月而言？若竟斷定爲二七天癸初降之時，亦未必然。

統觀道光、子野、上陽三註，皆未言白虎首經即是二七天癸。惟三註皆以首經與神水相提並論，可知首經與神水，乃一物二名。果能明了神水是何物，則首經問題亦可以解決矣。

悟真篇後序云：「修生之要在金丹，金丹之要在乎神水華池。」此意人多不能了解。再看石杏林還源篇後序云：「先師悟真篇所謂『金丹之要，在乎神水華池』者，即鉛汞也。人能知鉛之出處，則知汞之所產。既知鉛與汞，則知神水華池。既知神水華池，則可以鍊金丹。金丹之功，成於片時，不可執九載三年之日程，不可泥年月日時而運用。鍾離所謂『四大一身皆屬陰』也，如是則不可就身中而求，特尋身中一點陽精可也。然此陽精在乎一竅，常人不可得而猜度也。只此一竅，則是玄牝之門，正所謂神水華池也。」

按石杏林仙師乃南宗第二祖，親受紫陽之傳，其言當比後來各家雜說爲可信。所謂神水華池，不過如此，對於二七天癸，毫無關係。學者可以醒悟矣。更參考紫陽仙師金丹四百字自序云「以鉛見汞，名曰『華池』；以汞入鉛，名曰『神水』」，此意與杏林仙師所謂「神水華池者，即鉛汞也」一句，正相符合。因此可知，鉛汞相交，即是華池神水；華池神水，即是白虎首經。而白虎首經，決不是二七初降之天癸，則可以斷言者。

學道諸君，若不將此種緊要關頭先弄清楚，仍迷信非五千四八之期不足爲金丹大藥之用，則前途荆棘多矣。此尚指自己有力能設備完全依法試做者而言，其無力照辦者，終身在望梅止渴之中，永無實行之日，尤爲可憐。

余根據四十年之閱歷，耳聞目見，各省學道諸君，用五千四八採大藥者，結果總歸失敗。北京二人，南京一人，蘇州一人，上海一人，成都一人，武昌一人，前後共計七人，沒有一人達到目的。其間困難多端，未暇細說，而方法之不善，確爲失敗之主因。同道中人，談及此事，每歸咎於築基鍊己工夫未曾做好，而急求速效，輕舉妄動，故不免失敗。愚謂此種弊病固亦有之，但非徹底之論。蓋彼等最大的錯處有二：一則誤會先天大藥出產於鼎器身中，其來源已經認識不清；二則誤會兌卦最初一次首經爲無上至寶，下次來者即不堪作大藥之用，其理由亦欠充分。語云：「前車覆轍，後車之鑒。」余願世間學道諸君，勿再執迷不悟，奉五千四八爲神聖規條，以致自誤誤人，則仙學庶幾有正軌可循，而不至於鏡裏看花，結果終無所得也。

載民國二十九年（一九四〇年）二月一日仙道月報第十四期

讀知幾子悟真篇集註隨筆

陳攖寧

集註卷首第五頁張真人傳道源流篇末云：「此非有巨室外護，則易生謗毀，可直往通邑大都，依有德有力者圖之。」愚謂：訪外護一事，在古人行之，甚爲便利，但在今之學道者，若依樣畫葫蘆，恐未必相宜。其理由如左。

第一種理由：江湖方士，一知半解，動輒冒古人訪外護之美名，而別有作用。歷年以來，已將名譽弄壞，雖有真傳實學之士，人亦不敢相信，視爲與彼江湖朋友無異。蓋普通學道者流，閱歷太淺，沒有認辨之能力，遂致如此，亦不足怪也。

第二種理由：今人心地，不及古人忠厚，而計算却比古人精明。古人做外護，等於做功德；今人做外護，等於做買賣。古人做外護的意思，乃自問有餘力時，即發願幫助他人修道，倘能因此造就一位神仙出來，即算自己做了一件大功德事，不必希望什麼報酬；今人做外護，要現錢買現貨，假使世間有已經修鍊成功之人，讓他們親眼看見，他們必定爭先搶着要做外護。其實此種見識，未免愚笨。蓋修鍊所以需要外護者，正因其尚未成功耳。若已經成功，何必再求外護？十年前，×××君並其他數人，被江湖方士號爲周神仙者所愚弄，其事亦甚可笑，大有啞子吃黃連之滋味。×××君之爲人，未嘗不精明，但是此等事比較世間事不同，人愈精明，吃虧愈大。

第三種理由：外埠某君來函說，已得人元之訣多年，奈訪不着外護，所以不能下手，現在年齡已老，恐又要虛度云云。此事亦甚可憫。雖然，如果真有人做彼外護，余敢料其結果雙方皆不免失望。蓋其法夾雜旁門，而非南宗正傳心印，如何能成仙了道？幸而無人做彼外護，自己尚可藏拙，否則人又以江湖方士目之矣。某君固非江湖，而其所得口訣之無效，則與江湖訣相等。此種人各省皆有，若某君者，不過其中之一而已。

基於以上三種理由，所以我不贊成訪外護之事。

或問：訪外護既不許，在家中修鍊，其勢又絕對不可能，然則如何辦法方足以應用？答曰：此事要看自己環境之優劣，及年齡之大小，於各種丹法中選擇一種而用之。總以有嚴密之組織爲第一着，改良之訓練爲第二着，綿長之道統爲第三着。從此而東方絕學，永留天壤之間，將來總有幾人由此道而成仙。切忌過分宣傳及擴大範圍，庶免後患。因爲仙學性質，與各種宗教不同。宗教是要普渡，所以注重宣傳，只求人人信仰，凡有來者不拒；仙學難以普渡，不是人人所能行的。

世間做××工夫者，無論靠外護之力，或靠自己之力，都不過費去一筆錢財，弄得幾只××，關起大門，在家中就做起來。各種條件，都不完備，草率從事，如何能有成功的希望？反而惹出許多煩惱。所以傳授口訣與人，須要仔細審察其人家庭、環境、學識、年齡、性情、身體，看何種法門適宜，則傳授何種法門，勿固執一法以教人，則流弊可免。

康熙年間，知幾子自刻參同契集註、悟真篇集註，全部無一錯字。此二書已歸杭州馬一浮君收藏，兵燹之後，不知遺失否？廣東翻版悟真集註，舛誤迭見，遠不及原版之精美，然今者雖翻版亦不易得矣。再者道光年間刻本三註悟真，字大而清晰，今坊間通行有光紙小字石印本最壞，閱之令人生厭。

卷首第十五頁，論養己築基一段有云：「所未詳者，玩三丰真人節要篇，及孫汝忠金丹真傳，自可得其分曉也。」今按三丰全集中，止有玄要篇是自作。若世間鈔本三丰節要篇，既未收入全集，又別無刻本，是否三丰手筆，頗有疑問。濟一子所刊布之金丹節要，比較鈔本節要篇又不相同，想是經過江湖傳道者之刪改，遂致愈傳愈劣，失其真相耳。至於金丹真傳，亦不合悟真篇本旨，知幾子學問雖博，奈其徒富於記誦，而未曾實驗，竟使涇渭不分。今世學道者，無不以金丹真傳代替悟真篇，余前在揚善半月刊上已指其謬，今再補述於此。

卷首第十六頁後半頁第三行，引李晦卿之說，與事實不合。凡李晦卿所作之書，無論講黄白術或講陰陽法，皆是杜撰揑造，自欺欺人。知幾子對於丹道，雖閱書甚多，惜未得南派嫡傳，竟爲旁門所誤。做道言五種之陶存存子，有時亦被李晦卿矇混過去。

卷首二十一頁後半頁第二行，所謂玉京洞，在天台縣赤城山上，今已爲尼僧居之，非復仙家氣象矣。

卷首二十二頁前半頁所云：「金液之術，不可亂傳人，必逢積德善人，方可指授，否則難逃天譴。」此語誠然，學者宜知警惕。故凡以最上乘口訣傳人，必須訪察其人之前輩，是否積德，其自己是否真爲善人，此乃第一要注意。

卷首二十七頁，所謂「開關須三七，錬劍用百天，築基在期歲，還丹只片時，温養經十月，抱元歷九年」。此說不可拘泥，要看學者年齡之大小，身體之强弱，性情之躁靜。大概年老身弱性躁者，每需要甚多之歲月；年壯身强性靜者，則日數比較可以減少。更要得其真傳口訣，方能希望成功。若世間江湖朋友所傳授者，不免夾雜旁門；方外人所傳授者，又不能適合於在家人之環境。徒抱定幾句呆板的口訣教人，每每窒礙難行。須知這件事是活潑圓通的，於學者本身之環境有絕大關係。世間常有抱道而終，永無實行之機會者，皆因拘泥雙修之說，不識清淨陰陽一貫之玄妙，以爲非用鼎器則必無所成。而其人之環境，又不容許走這條路線，於是乎蹉跎歲月，今生又虛度矣。吾願世間同志諸君，力矯此弊，務必做到頭頭是道，路路皆通而後可。

卷首第二十九頁後半頁，知幾子略歷一段，原刻本無之。蓋原版乃知幾子所自刻者，故少此一段耳。

知幾子即鄞縣仇兆鰲先生，乃清朝康熙年間進士。仇先生不願將自己真姓名宣布，亦學魏伯陽仙師之用隱語，讀者每苦於不得其解，今說明如後。隱語見卷首二十九頁後半頁第一行小字。

「十治數，陽老先」，此二句暗藏一個「仇」字。昔周武王有亂臣十人註家謂「亂」字當作「治」字解，十人皆開國元勳，前九人是男，末一人是女。十治數，乃暗藏「亻」字；陽老先，乃暗藏「九」字。蓋指九個陽性年老者在先，一人陰性年壯者居末也。

「千年實，摘樹邊」，此二句暗藏一個「兆」字。千年實，指桃子而言；樹邊，即「桃」字本身之「木」字邊旁；摘樹邊者，謂桃子已摘離樹邊，等於「桃」字本身邊旁，則變成「兆」字矣。

「龍伯國人把釣竿」，此句暗藏一個「鰲」字。列子書上說：「龍伯之國，有大人，一釣而連六鰲。」

「海石之上註斯篇」，「海石之上」四字，暗藏「滄柱」二字，即仇先生之大號也。「滄海」及「柱石」二語，乃文辭中所習見者。「海」字之上，暗藏「滄」字；「石」字之上，暗藏「柱」字。

七律詩第一首末句：「無常買得不來無。」下一個「無」字，當作「否」字解，乃問語口氣。意謂世人雖有多金，可能買通無常叫他不來否？

七律第二首「昨日街頭方走馬，今朝棺内已眠尸」二句，最能驚醒世人癡夢。知幾子改爲「昨日庭前方宴樂，今朝室内已傷悲」，殊覺意味平談，不足以動人。且世間可以傷悲之事甚多，不限定專爲死人而傷悲，如何能代替「棺内眠尸」之意乎？

七律第三首「遂使夫妻鎮合歡」一句，凡各家註解，都非悟真篇本意。學者必先能解釋參同契「老翁復丁壯，耆嫗成姹女」二句之義，然後方能解釋悟真篇此句之義。但各家註參同契者，僅能解釋「老翁復丁壯」一句，而對於下句「耆嫗成姹女」則棄而不論。是則止許男人成仙，而女人決無成仙之望矣。豈得謂事理之平？知幾子參同契補註中，雖說「女功先守乳房，斬除赤龍而求大藥」，然未曾言明大藥產生於何處，以及如何求法。又引李晦卿之說，謂：「男子作丹，先鉛而後汞；女子作丹，先汞而後鉛。」復自加以說明，謂：「李註所云鉛汞，即指朔後晦前之金水。」此說不通之極。考古今各種丹經，凡是言鉛者，皆指金水一方面而言；凡是言汞者，皆指木火一方面而言，從未有以水爲汞者。

今既謂鉛是朔後之金，汞是晦前之水，試問木火一方面，又將用何種名稱？

七律第六首末句云：「何須尋草學燒茅。」所謂「尋草」者，尋藥草也；所謂「茅」者，蓋指江蘇省句容縣之茅山。宋朝以前，茅山素以奇怪法術著名，故點金術中，有一派做手，叫作「茅法」。燒茅者，謂依茅山所傳之法燒鍊外丹也。若認爲「茅草」之「茅」，則大誤矣。

律詩第十二首陳註云：「順則爲凡父凡母，逆則爲靈父聖母。」可知靈父聖母與凡父凡母，其不同處就在一個「逆」字，別無奇怪之現象。凡父凡母是二人，靈父聖母亦是二人，決不至於拉第三人加入合作。若果如此辦法，是謂侮辱大道。

又律詩第十五首陳註云：「真鉛乃靈父聖母之氣。何謂靈？常應常靜之謂靈，逆施造化之謂靈。何謂聖？太極初分之謂聖，虎不傷人之謂聖。」可知所謂靈父者，因其有「常應常靜」之能力，與「逆施造化」之手段也。請問丹房中第三人有此種能力與手段否？世間做工夫多年之老修鍊家，尚且難以到此地步，而謂初出茅廬之童男子有此種資格乎？若不然者，如何能配稱靈父乎？

又七絕詩第一首子野註云：「我爲乾鼎，彼爲坤鼎。」可知所謂乾鼎者，即指修鍊家本身而言，非另有一童男子也。又陳註云：「鼎器者何？乾男坤女，靈父聖母也。」可知乾男即是靈父，坤女即是聖母。凡父凡母是那兩個人，靈父聖母仍舊是那兩個人。他們兩個人，當初作凡父凡母順行人道的時候，未曾聽說要請第三人幫忙，爲什麼到了做靈父聖母逆行仙道的時候，就要請第三人相幫？天下最滑稽之事，没有過於此者。近世江湖傳道者流，除彼我兩方而外，又復畫蛇添足，丹房中弄出一個童男子，算是乾鼎，真可謂以大道爲兒戲矣！

或問：「丹經中言三人之處甚多，如所謂『須用同心三個人』『三人同志謹防危』『三人一志互相扶』『同志三人互相守』等語，皆說鍊丹要用三人。今言不要三人，豈不與古說相左乎？」答曰：「古說要用三人者，指同心同志的道友而言，不是指十幾歲乳臭未乾之童男子而言。請問，如此無知無識的小童兒，他懂得鍊丹是怎麽一回事？他配稱爲同心同志之人乎？如何可以指鹿爲馬，自欺欺人，誤盡天下後世之學仙者？」

連載民國二十九年（一九四〇年）三月一日、四月一日、五月一日仙道月報第十五、十六、十七期

與某道友論雙梅景闇叢書之利弊

陳攖寧

中國古代帝王制度，天子立六宮、三夫人、九嬪、二十七世婦、八十一御妻。說見禮記。其餘宮娥綵女，不可數計。唐白居易長恨歌云「後宮佳麗三千人」，諒非虛言。除皇帝而外，如諸侯大臣，侍妾之多，亦駭人聽聞。孟子云：「食前方丈，侍妾數百人，我得志弗爲也。」可見當時真有如此情形。若無特別方法以應付之，必至被其所困。故房中之術，乃應運而興。所以漢書藝文志，房中專列一門，其書有容成陰道、堯舜陰道、湯盤庚陰道、黃帝三王養陽方等，皆言房中之事。後世如素女經、素女方等，皆從以上各書脱化而出，內容想亦相差不遠。此皆古代富貴階級所必須研究之學識，蓋時代使然也。

今者時異代更，國家制度，社會風俗，都非昔比。床笫之間，寒儉蕭條，雖英雄亦無用武之地。若仍欲照書上所說，如法炮製，勉强傚顰，則是小題大做，割雞用了牛刀，本非實際之所必要。此猶就彼富貴者而言，已覺其術不能適用。若夫普通人民，生活艱難，飲食缺乏滋養，臥室小如鴿籠，白晝工作，既已勞心勞力，深感疲倦，夜間正宜極端休養，回復精神。倘再鞠躬盡瘁，筋脈僨張，妄想在虎口邊拔鬚，劍鋒上舐蜜，結果未獲其利，先受其害，徒增煩悶而已。

該書所云，用某種姿式動作，即可以愈某種疾病，在平素身體强壯，陰陽不調者，行之偶或有效。若身體虧損者，常常依樣畫葫蘆，則流弊甚多，非但不能愈病，反而添病。愚意凡世間好道之士，欲專心修養工夫者，此等書以不看爲妙。

該書内容，共分六種。前五種皆由日本國舊醫書中轉錄而出，條文雖同，而先後次序則不同。後一種大樂賦，乃唐朝白居易之弟白行簡所撰，出自燉煌石室，其文已殘缺不完。以上六種，皆長沙某氏於光緒三十年前後刻版流通，民國十幾年間，□□□□□□，該書發行人某氏，□□□□□□□□□□，□遇害，説者謂是刊布該書之果報云。

載民國二十九年（一九四〇年）十二月一日仙道月報第二十四期

又與某道友論陰陽工夫

陳攖寧

如此世界，如此人生，自然以修道學仙爲最高尚。惟此等事談何容易，各種條件，必須完備，有一不合，即白費精神。所以學者雖多，而成者極少。

現代之人，福德不足，若做陰陽工夫，必至魔障重重，結果無不失敗。譬如貧窮人家子弟「貧窮」二字意思，不一定指財產而言。人的福德不足，即是身内貧窮；財產不足，乃身外貧窮耳。不肯吃苦耐勞，以事積蓄，偏想暴發橫財，欲於短時期中，立成鉅富，不啻望梅止渴，畫餅充饑。故愚見認爲，凡屬我輩同志，都應該惜福修德，專心走清淨一門。丹經上陰陽爐鼎之說，存而不論可也。

所謂現代之人福德不足，乃指普通人類而言，不是專指少數修道之人。假使吾輩生當康熙、乾隆時代，全國人民，一生不覩兵革之禍，在位的多老謀深算之臣，在野的多三教明通之士，家家安居樂業，人人心曠神怡。當此時期，修道學仙，善緣具足，魔障少而成功易。今日者何時耶？請試一回思，則知現代人福德不足之說非妄語矣。

載民國二十九年（一九四〇年）十二月一日仙道月報第二十四期

與林品三先生談話記

陳攖寧

林曰 易經損卦六三爻辭云：「三人行，則損一人；一人行，則得其友。」這是講雙修之事。

陳曰 誠如尊論，但文王的爻辭，雖微露其端，尚不十分明顯。孔夫子怕後人看不懂，所以在易經繫辭上面，格外說得透徹。如云：「天地絪緼，萬物化醇，男女媾精，萬物化生。易曰：『三人行，則損一人；一人行，則得其友。』」言致一也。讀易者到此處，仍未能了解，皆因中庸上「造端夫婦」之道，在儒家久已失傳。而後世所謂九琴九劍、三虎朝龍之口訣，又非古聖先賢一貫之心法。並有於丹房內除十四兩坤鼎外，更預備十六兩乾鼎，謂呂祖敲爻歌中「八八青龍」，即指乾鼎而言，尤其爲荒謬。徒見其能說不能行而已。現在居然有人相信，他們的程度，真是幼稚得可憐。

附註 「三人行，則損一人」，是說一陽二陰，或一陰二陽，皆不是道，必須把多餘的那一個減去，方合於道。所謂「損」，即減去之義。又如「一人行，則得其友」，是說所謂「得其友」，即得着配偶之義。如此正是孔子所說：「一陰一陽之謂道。」孤陰寡陽，各走一邊，亦不是道，必須把缺少的那半邊加入，方合於道。

載民國三十年（一九四一年）六月一日仙道月報第三十期

評五大健康修鍊法

陳攖寧

歷年以來，許多學仙之士，或通函，或面詢，最不容易解決者，有一個問題，即是初學入門應當看何書是也。余常被此問題所困，竟無法可以回答。蓋丹經道籍雖多，而接引初學之書實在難得。今既有洪君此作，庶幾足以供給一般之需要矣。

本書第一篇長筋術，據作者所列舉之功效如下：固腎、節慾、抗寒、安眠、通鼻、健足、舒筋、愈風寒頭痛、治睡夢遺精、治糖尿脚氣、預防中風、永免氣血不調所生諸病。固有充分之理由，而余最贊成者，則以此術能預防男子走丹醫家名爲「夢遺」並女子回龍或名爲「漏經」，即是用工夫將月經鍊斷之後，或數月，或年餘，又復行經。因其去而復來，故曰「回龍」，兼能治女子白帶症。蓋長筋術運動，全身最得力之部分，在腰椎、命門、卵巢、子宮、督脈、帶脈及男女生殖器等處故耳。學者果能將此術與靜坐法相輔而行，必有不可思議之神效。

長筋術雖起源於「十二段錦」中之「低頭扳足」一式，然普通國術鍊工夫，亦有此種動作，其應用甚廣，蓋不僅爲修養而設。當年上海某君以此術教人，目的仍注重在武功。某君對於國術頗有研究，而仙道則未得門徑，一方面想長壽，一方面講採戰，適以自促其生也。近來有人鍊易筋經工夫欲從事於女鼎者，恐不免又蹈某君之覆轍，結果可以預料。長筋術的動作方法，原書分列十條，但以愚見而論，宜再補充幾條，其動作更爲周密，其功效更顯著。質之洪先生高見以爲何如？

第五條後補一條：「兩手握拳，曲肘，兩肘尖角儘量向後方伸出，兩拳從兩耳旁直上頭頂，將拳放開，十指朝天，然後接行第六條俯首曲腰式。」

第六條後補一條：「正在俯首曲腰伸手摸趾之動作時，下部肛門、海底、前陰等部肌肉要同時緊縮，如忍大小便之狀。」

第七條後補一條：「一度動作已畢，周身筋肉，須全部放鬆，休息幾秒鐘。不可一度剛剛做完，馬上就接二連三的，前俯後仰的，做個不休。學此術者，當知宜慢不宜快，宜每度之動作皆合乎規範，不宜貪度數之多則草草了事。」

其他如原理、方法、姿勢、圖様、效果、禁忌等等，俱見原書，茲不贅述。

再者，凡人做長筋術工夫，若覺腰脊等處有酸痛者，此乃暗疾伏藏之處，切勿畏怯停功。宜稍爲忍耐，照常做去，日久其病若失。

載民國二十六年（一九三七年）五月一日揚善半月刊第四卷第二十一期（總第九十三期）

我對於本書的意見

陳攖寧

蒲團子按　根據洪太庵作於一九四九年五月的呼吸健康法小叙中「爰於我之坐功一書，特節其呼吸健康法」「我之坐功一書，係請吾師陳攖寧先生修正補充，因時局不定，尚未竣事，以致未獲出版。本書於去年遊滬之時，亦曾請師印證」諸語，及本文內容，可知我對本書的意見中之「本書」，即指洪太庵的我之坐功一書。此篇文章當作於一九四九年前後。

當此書稿本尚未寄到以前，作者曾有信來，囑我代爲修改並補充。今觀原稿，於導引、呼吸各種法門所搜集之材料，至爲豐富，實不能有所增益。因此，僅於附錄中加入飲食法、起居法各一章，以足成全璧。

我之坐功全部，並調身導引法中之前三章，皆有價值，閱者宜注意。惟第四章各論引證中之「掌電療病法」，是否有確定的功效，尚未敢保證。第五章古法參考中，有易行法，有難行法；其字句有可解者，有不可解者。凡性喜此道而又身閒無事之人，自不妨一一如法演習，否則止學洪君自己所常用之法，已足保健康。其餘各種古法，留待他日再研究可也。

調息呼吸法第三章第二節「臍息法」中，引攝生三要云：「人在胎中，不以口鼻呼吸。惟臍帶繫於母之任脈，任脈通於肺，肺通於鼻，故母呼亦呼，母吸亦吸，其氣皆於臍上往來。」余嘗觀吾國古今各種道書，所言胎兒在母腹之狀態，皆同此說，但與實際情形不合。今特就此機會辨明如次。

胎兒在母腹未產出之時，有胞衣將胎兒全身包裹，胞衣之內有水，俗名胞漿水。胞兒全身皆浸在水中，頭面、胸背、腰腹、四肢無一處不是水。此時胎兒雖有鼻孔，不能呼吸；雖有口，亦不能飲食。肺部及胃部，皆沒有工作。其新陳代謝之機關，全靠臍帶。臍帶一頭通於胎兒之肚臍，另一頭連於胞衣上。臍帶中間有動脈管，將母體之新血輸入胎兒身中；又有靜脈管，將胎兒身中之濁血運入母體。但是間接的，不是直接的。因爲隔了兩道牆壁。第一道牆壁是胞衣，又名胎盤；第二道牆壁是母的子宮。臍帶聯繫於胞衣，胞衣緊貼於子宮。母體之新血，由子宮傳到胞衣，由胞衣傳到臍帶，由臍帶傳到胎兒。胎兒身上之濁血，由臍帶傳到胞衣，由胞衣傳到子宮，由子宮傳到母體，與母體之濁血混在一處，再循環到母之肺部，而呼出血中之濁氣。所以，胎兒臍帶之功用在運血，而不是運氣。母呼時，胎兒不呼；母吸時，胎兒亦不吸。僅有血液在臍上往來，但非空氣在臍上往來。

兒在胎中,實不需要呼吸,並非以臍帶當作肺管、以臍眼當作鼻孔而隨母呼吸。攝生三要所謂「母呼亦呼,母吸亦吸」等語,顯然有誤。

又謂:「初學調息,須想其氣出從臍出、入從臍滅,調到極細,然後不用口鼻,但以臍呼吸,如在胞中,故曰『臍息』。」其說似是而非。修鍊家所謂「胎息」,即是說到了這樣程度,鼻中已沒有呼吸,如嬰兒在胎中狀態,不是說以肚臍代替鼻孔而行呼吸。故名爲「胎息」則可,名爲「臍息」則不可。人的臍眼,必須緊閉,不能使其漏氣。若漏氣,必得病。如何能以臍眼爲空氣出入之道路乎?

莊子云:「眾人之息以喉,真人之息以踵。」古今註莊子者,都將「踵」字作「深」字之義解釋,亦似是而非。「喉」與「踵」兩個字,指人身之部位而言。「喉」是名詞,「踵」亦是名詞。喉在上,踵在下。「以」者,用也。莊子蓋謂,眾人之息用喉,真人之息用踵。喉息固淺,但不能以「淺」字之義代替「喉」字;踵息固深,但不能以「深」字之義代替「踵」字。所謂「踵」者,即脚後跟也。或疑人之呼吸淺者止達肺部,深者亦不過到下丹田而止,萬不能弄到脚上去。爲此言者,實不知莊子之意。莊子明明說「真人之息」,不是說「凡人之息」。所謂「真人之息」者,乃指身中升降闔闢之元氣而言,與鼻中呼吸出入之空氣無關。真息發動時,凡息即停;真息靜止時,凡息又起。凡息用喉,真息用踵;凡息是身外的空氣，真息是身中的元氣。二者大不相同。

世界上，人少則安，人多則亂。各國政治家不肯設法減少生育，且要獎勵生育，因此世界永遠不會太平。與其多製造人口，再用炸彈、鎗炮、毒氣、微菌來銷滅人口，究屬悲慘之事。不如大家都能節育少生，尚可在短時期中享共存共榮之幸福。故種子之說，非所願聞。或有謂：「賢者若節育，則優種愈少，愚者不節育，則劣種愈多，世界更無安寧之一日。不如讓優種和劣種競生，則優劣之間，尚可以得到調劑。」此說未嘗無理，所以種子法就自有其價值，而不可偏廢。讀者須注意書中如何下種，如何養胎，方有得佳兒之望。所謂先天性的教育是也。凡改良植物、動物，皆要由種子上做起，不僅人類爲然。世間父母，每怪兒女品質不良，難施感化，獨不思當日自己錯誤在先。因一時的輕忽，下種不良，遂貽兒女終身之累。其咎在父母，不在兒女。及至出胎成爲孩童以後，再想用方法改變其劣根性，已嫌太遲。讀此書者，可以悟矣。

飲食法　此章可排在附錄種子法之後。

飲食男女，雖同爲人之大欲，然男女之事，可以終年斷絕，身體並無妨害，而飲食則不可一日缺乏。世間講修養術者，對於飲食一層，每多忽略，且自謂「酒肉穿腸道在心」，結果仍是衰老病死而已。彼等自己因貪口腹而縮短壽命，不足深責。但若聽其謬說流傳，竊恐貽誤後人，故不能置之不論。

服餌一門，在修養法中，實佔重要地位，而各家道書皆未嘗言及，甚或有輕視之意。此乃前人之誤。現代各種道門所傳之口訣，若非守竅通關，便是陰陽鼎器，彼等亦未嘗注意於飲食服餌。此乃今人之誤。所以，世間從事於修養者，每不能延長其壽命。若謂服餌之法，恐有流弊，難道其他法門皆無流弊耶？何必如此偏執？

普通的名爲「飲食」，特別的名爲「服餌」。服餌是專門學術，雖數萬言亦不能盡其說，今只講飲食。

人的身體，大部分是水做成的，所以人可以多日不食，但不能一日不飲。可知，水與生命之關係至重。凡是某一山村居民以長壽聞於世者，若研究彼等每日所用之飲料，其來源必甚爲清潔。城市居民則無此幸福。如池水、塘水、井水，皆不可服。江湖水必用明礬沉澱過，方勉强可服，亦非好飲料。惟自來水稍佳。然比較山中衆泉水，相差甚遠。如無自來水處，宜用有蓋的深缸多口，儲蓄雨水備用。自來水及雨水，再經過一番沙濾者，尤妙。

一個人每天須飲清潔之水三磅，始足供給全體之需要。但宜分作數次飲之。如晨起、午飯前後、下午、晚飯前後，各飲一杯可也。不喜歡清水者，可用淡茶。茶味不宜太濃。無論綠茶、紅茶，太濃皆無益而有害。

酒類只可當藥用，不可日日飲之。甜米酒、葡萄酒等，雖可常服，亦不宜太過。其他烈性之酒，皆能傷人。古之修養家，雖不禁酒，並倡「有酒學仙」之說，但其所飲之酒，是自己用藥料製造的，非普通之酒可比，幸勿誤會。

愚意主張素食，不讚美肉食。常見許多肉食之徒，做修養工夫，皆無好結果。但素食之中，亦大有研究，並非簡單幾句話所能說明。姑且將理論置之不講，僅以歷年經驗所得者，貢獻於同志。言雖不多，而利益甚大。

（一）喜食動物肉類者，決定不能長壽，且容易得惡疾。故修養家應當吃素。

（二）貪吃煎炒烹炸並各種奇異花樣者，徒費自己消化力，得不到營養上的價值。

（三）酸甜鹹辣各味十分濃厚，或鮮味過甚者，皆嫌刺激性太大，不合於養生之道。

（四）各種蔬菜，煮得太熟太爛，則生機消滅，食之無益。若不過經過火力燒煮，又恐微菌蟲卵等類有害於人，火候須要恰到好處。

（五）園蔬野菜，必用清水洗得十分乾淨，然後再用刀切。切畢要立刻下鍋，不宜再洗，更不可長久浸在水中。

（六）各種蔬菜，各種豆類，各種米麥，必須輪流更換食之，不可專食某幾種，而屏棄其他各種。

（七）脂肪與澱粉質混合做成的食品，違反消化機關之順序，若多食之，容易得病。如猪油年糕、中秋月餅、猪油豆沙粽子、八寶飯、油炒飯、酥油餅之類。

（八）一日至多吃三餐，晚餐不宜過飽，更不宜再吃零碎食物。

（九）飽餐後，宜休息一小時，不宜勞心勞力，亦不可將身體睡倒。只宜緩緩散步，或隨便靜坐，但不可正式的盤腿打坐。

（十）凡食物在口中要細嚼，然後下嚥，不可吃得太快，不可使胃腸代替牙齒的工作。年輕人每喜狼吞虎嚥，胃部常受損傷而不自覺。

起居法

（一）日出時即當起床，勿貪睡； 日入時即當休息，勿在電燈之下看書寫字，免傷目力。夜間亥末子初，即當就寢。雖不欲睡，亦須靜坐養神。若看戲、賭博、跳舞，或其他狂歡事情，至深宵不寐者，皆爲大忌。

（二）天熱時，勿使電風扇終日在頭上旋轉不停； 天冷時，勿使火爐在房中燒得太煖。夜臥時，勿將門窗關閉太緊，宜使外面空氣能透進臥室之內，但又忌直接吹風。

（三）陶弘景養性延命錄云：「養性之道，莫久坐、久臥、久立、久行、久視、久聽，莫强食，莫大醉，莫大憂愁，莫大哀思。此所謂『能中和』。能中和者，必長壽也。」又云：「少思，少念，少欲，少事，少語，少笑，少愁，少樂，少喜，少怒，少好，少惡。此十二少者，養生之要旨。」

（四）黃帝內經云：「上古之人，其知道者，法則陰陽，和於術數，飲食有節，起居有度，不妄動作，故能壽過百歲。今時之人則不然，以酒爲漿，以妄爲常，醉以入房，以慾竭其精，以好喪其真，務快其心，遊於陰陽，生活起居，無節無度，故半百而衰也。」按：所謂「法則陰陽，和於術數」者，即有法有則，有術有數也；所謂「務快其心，遊於陰陽」者，即是以快樂遊蕩爲目的，無法則亦無術數，與前者正相反。陰陽指房中之事而言，不是泛說。此段從陶弘景養性延命錄中所引素問原文摘出，較之通行本，稍有不同。

（五）凡欲從事於修養者，擇業亦不可不慎。如一切對於人類或動物有害之業務，皆應當避免。又如商業投機，行情漲跌，盈虧莫測；工業機械，困守一室，終日喧鬧：此二種業務，使人神經常受刺激，皆不可爲。只有森林、農產、花圃、菓園等類，頗合於修養家之意味。因其中含有天然生趣，能令人心曠神怡也。

記李朝瑞君工夫得效之原因

陳攖寧

李君朝瑞，皖北人，民國初年肄業於安徽省立師範學校。時懷寧胡五先生淵如任彼校國文講席。因教授國文，遂不能不涉及諸子；因縱論諸子，遂不能不推崇老莊；因研究老莊，遂不能不探討其玄言奧義。因欲解釋老莊書中之玄奧，胡先生於是下問及寧。寧平素所主張，乃狹義的神仙學派，何足以知老莊？惟老莊書中，頗有一部分合於修養之旨，乃約其精義以語胡先生。胡歎爲空前之發明。其實寧亦有所受，非能自悟者。胡先生認爲不可公開者，秘之；可以公開者，演講之。青年學子，性多好奇，羣相約試驗其法，實行者共十二人。除李君而外，其他十一人，大概都犯同樣之病。即一做工夫就遺精，越做工夫越遺精是也。

載民國二十五年（一九三六年）五月十六日揚善半月刊第三卷第二十二期（總第七十期）

前安徽師範學生李朝瑞致其教授胡淵如君研究内丹信十三函

攖寧昔日所收藏，今於本刊陸續發表。

第一函

五老師台大人尊前：

瑞自承教誨，學問日新，身同再造，豈願睽違，自棄自誤？奈父母年已七旬，爲人子者，應知愛親，不欲遠離，何敢遽別？今歲不能侍左右，瑞之緣淺，實堪自恨。

邇來無他狀，惟丹田時堅若金石，時融若春水，時由胯間流至湧泉，復且升至尾閭，由夾脊入天谷，下喉間，清涼甘美，灌溉心頭，快樂無似。堅則形如雞卵，位於臍下一寸。復有一夜熟睡欲醒時，尚恍惚見腹内明徹，臟腑皆空，着意看則復如故，未知是真是幻？

每睡定坐定，即見明月當頭，一着意則又不見。時聞香氣如麝如蘭，非麝非蘭，顔色悦澤，皮膚明徹，身體暢適，非簡牘所能形容，恨不得至席前備陳一一。

師台近狀若何？ 別有所聞否？ 望暇示及。

瑞間閱列子、淮南子，類多道語。 憶師台云，此術周秦以前家喻户曉，誠非誣也。莊子詮詁，諒已成功，謹將預約券帶來，望師台將書擲交一年級學生李霞珍寄回不誤。說文每部之末，有文幾重幾，何謂也？ 務請示知。

瑞在家教二姪讀書，他無事事。閒來遊玩山景，觀野鳥，聽松濤，頗足自樂。第井底之蛙，見聞不廣耳。乞師台時賜教言爲幸。

書不盡意，肅請道安。

學生李朝瑞頓首謹稟

寧按 胡淵如先生，乃吾鄉之前輩，爲人誠篤不欺，書法學鄧完白，文章宗姚惜抱，皆卓然成名。余因其爲父執，呼之曰「胡老伯」，而彼則呼余曰「陳老師」。聞者咸匿笑，胡正色曰：「我等各守本分耳，何笑之有？」余父戲謂之曰：「汝呼吾子爲師，將認吾爲師祖耶？」胡曰：「非也，君子不當重新交而棄舊誼。吾二人舊日交情在先，永宜保守，仍是你兄我弟耳。」相與撫掌絕倒。於以見前輩風流之不可及。

莊子詮詁，乃胡先生所作之莊子集註，商務印書館有出售。註中偶有採及愚者一得之言。但余昔日與胡先生所談，實不止此，伊尚未完全宣布，或者慮其驚世駭俗，而故隱秘之乎？

李朝瑞乃皖北人，廿載以前，胡先生曾攜之來吾之家一次，蓋一誠篤少年也。彼時李君已卒業於師範校，在某小學中任算學教員，後即無緣再晤。

載民國二十五年（一九二六年）四月一日揚善半月刊第三卷第十九期（總第六十七期）

第二函

五老師台大人尊前：

接奉手諭，示及一切，欣慰無似。自違講席數月以來，每日馳思。尤憶講授莊子，奇文奥義，條分縷析，玄音震耳，茅塞頓開。自恨緣淺，未得竟其意也。

靜功照常涵養，大有虛心實腹之象。喜靜坐清臥，不愛讀書勞動。恐所謂入定者即此也。其他景象，非筆墨所能形容。

婚事在秋九月中旬，此生之意，不然上春已行矣。學醫事，父兄不欲，故未果。每日臨鄭文公碑，自謂稍有進益，恨遠不得呈政耳。山川修阻，雖形隔情親，終不若親承色笑之爲愈也。

餘容續稟。肅此，敬請道安！

學生李朝瑞敬稟

載民國二十五年（一九三六年）四月十六日揚善半月刊第三卷第二十期（總第六十八期）

第三函

五老師台大人尊前：

月前接奉手示，及所改正先曾祖家傳，感甚。久擬稟覆，僻處山林，鴻郵不便，闕然久不報，幸勿爲罪。

承示「景象真幻，全視本體之動否」。據生數次發現，突如其來，並非心造，且前並不知其有此也。又云「不驚不喜」。驚固未有，喜則不免。以發見後，愉快異常也。所懼者未能如法，故發見節次，與丹書不符。孤陋寡聞，難以爲學，祈師台時詔示之，則大幸矣。

五月初旬，遍體奇癢，六七日始定。近亦如常，身體暢適，莫可名狀。見色不動，差能自信，惟完婚後，若復獨居，恐招物議，一室之私，或不能免。午夜自思，躊躇滿腹。若遠避他鄉，則父母年邁。若室家相聚，又未卜如何。此疑惟師台爲生決之。所示「發見景象爲書以告人」。生以於道未得萬一，輒吸吸不已，不惟有道聽途說之譏，且有「遼東豕」之誚也。師台之命，亦不敢違，俟完婚後何如？次其先後，繕呈鈞覽。若以示人，所不敢也。

雲山遠隔，神越魂飛，凡所欲言，難罄簡牘。

肅此，敬請道安！

學生李朝瑞敬稟

載民國二十五年（一九三六年）四月十六日揚善半月刊第三卷第二十期（總第六十八期）

第四函

五老師台大人尊前：

本月十六日到邑城，接奉手示，開釋一切，欣慰無量。生意「結婚有礙」之說，乃管窺之輩，拘於一隅。潛觀先賢古聖，皆無是語。況自變者而觀，天地不能一瞬，我命不由天，非莊生之旨也。老子亦曰：「外其身而身存。」似此亦不貴長生。師台平時所論，如分即老莊之真諦。生照常靜養，有他景象，暫不理會，抱定正心誠意寡欲守中而已。著書之事，新秋氣爽，方擬屬稿。族中爲修譜事，命生往湖北一行，歸來當能報命。

如醉如癡，恰抵七日，想與丹書符合。其他丹書未言，抑言之未詳耶，抑未如法之故耶。不得親承謦欬指示一切，良用悵然。

生近來書法不敢自信，玩師台筆意，迴隔天淵。想陰陽向背頓挫疾徐之法，不合者多。寄來數張，祈披正爲感。

師台手疾痊未？祈暇時賜臨寸草十七帖一套。不情之請，恃愛之爲，祈師台勿罪。

客中草此，肅稟道安！

學生李朝瑞敬稟

攖寧按　「結婚有礙」之說，乃北派做清靜工夫之人所常言。彼等要把精路關斷，不放他漏洩，將生人之種子保留在自己身中，作爲內丹之基礎。若結婚，則男女媾精事必不能免，精路一開，則順流而出，丹基傾覆，則修鍊無功。所以彼等認爲結婚對於鍊內丹是有妨礙的，此意並未弄錯。今李君乃誚彼等爲「管窺之輩，拘於一隅」，誠不知何所據而云然。

若謂據悟真篇雙修之學理，以批評北派獨修工夫，在別人則可，在李君則不可。

因爲李君那時不過二十三歲，尚是個未曾破體的童男子，又未曾得南派真傳，當然不能明了悟真篇是什麽作用。況且李君更不懂北派小周天工夫之困難。也就因爲李君是童子身，凡手淫、遺精等毛病以及男女房中之事，皆毫無經驗，所以憑自己個人的理想，在那裏隨意批評，實在都是些隔靴搔癢之談。世間修北派清靜工夫者，幸勿爲其所誤。

李君又謂：「先賢古聖，皆無是語。」不知古聖賢是講做人的道理。所以孔子說「男女媾精」，孟子說「無後爲不孝」，如何可以同神仙家學說相提並論？神仙乃超人境界，自然行事異乎常人。老莊是道家，不是神仙家，拿道家之說來批評神仙家，就等於拿佛家之說來批評儒家，拿儒家之說來批道家一樣，都是搔不着癢處。

儒、釋、道、仙四家的宗旨截然各異，學者每每分不清楚。若非攏統混作一談，即是彼此互相攻擊，甚至一家之說內，亦復各樹旗幟。在立說者本是發揮自己的意見，原無不可，但因此就苦了學人，弄得左右爲難，進退失據，幾乎動輒得咎。所以讀書求學之事，要有天才，方能不被前人所惑。

載民國二十五年（一九三六）五月一日揚善半月刊第三卷第二十一期（總第六十九期）

第六函

陳攖寧增批　凡青年人學鍊內丹者，必須注意此篇。

第五函是普通的問候信，故不錄。

瑞前聞師言「排除雜念，眼視鼻端，心息相依」之說，每日黎明起坐，試之三次後，丹田發煖，百體沖和。十餘日，煖氣自尾閭循脊上升至頸下；越數日，上泥丸，漸下重樓，降至丹田。每就坐即如此。由是煖氣漸盛，由兩胯下達湧泉，復由兩踵升腎囊以還丹田。然此殆非一次所能，每次稍進耳。至膝，至足趾，至湧泉，至踵，均停滯，漲不可言。久則自通。

自是每就坐，周身發熱，凝神入炁穴，每一呼吸，熱氣能自尾閭達泥丸，下重樓，至丹田。一周定後，恍惚杳冥，不知身在何處，只丹田內微有知覺耳。周身毛竅皆開，每一呼吸，萬竅似皆呼吸，耳鼻發癢。

瑞與師言，師即授以手抄諸法，並勉其勿懈。法有云「外腎壯舉，即用舐、吸、撮、閉四字訣，外腎自然收縮」等語。次日就坐，忽有一股熱氣自心部下降丹田，外腎忽舉，即以四字訣收之。收時活活潑潑，似經人道。自疑精洩，以手捫之，殆未也。外腎收縮，丹田景象，不可言喻。頃之有物緊塞尾閭，以眼神照之，漸漸上升。每一吸，略進少許。至頸下一停，腦後一停，其力甚大，能衝動頭部動摇。入腦中，融和無似，樂不可言。久之熱氣自退，遂降重樓。每呼稍下，印堂一停，喉間一停，膻中一停。至臍下，如無物矣。復靜養半時而罷。每日就坐即如此。

約二十餘日，漸聞腹内臭氣。十餘日臭盡，遍體如嬰孩之氣味。身體輕便，飯量大減，遂廢朝食。極怕穢污腥羶之地，不敢呼吸。心平氣和，見可憎可喜可驚可畏者，均不足以動其心。心神大定，每作一事，輒能專一。無事時胸中無物，心不外馳。夜半，眼中忽如電光一閃。一夜，印堂如有物集，忽然一散，亦如電光。自是每就坐，身中如氣如煙，周護彌漫。

暑假歸，炎燠奔馳，略不爲苦，雖登峻嶺，亦不呼喘。至家每日仍如前靜坐。忽一夜，外腎異常壯舉，全身震動，丹田火熾。急披衣就坐，凝神調息。忽覺胸前吐出火光，燭見滿室。幸不驚不喜，徐以四字訣收縮外腎。半時腎收火滅，駕河車輪轉一次，自是不敢復就坐矣。然每夜半，必自轉一次，丹田似覺有物，外腎異常收縮，久不舉矣。遍體酥輭。睡定，手足似不能動。丹田景象，非筆墨所能形容。腦中時有熱氣煎沸，必靜坐凝神，引入丹田始安。

夜中必醒半時，心息相依，有知無知，樂不可言。忽一夜外腎又舉，真息往來心腎間，周身震動，耳中風響。俄焉外腎收縮，即有物上衝尾閭，其力甚大。一路上升，如輪船火車之震響。上泥丸，降至丹田始安。自是精神倍著，夜不熟睡。

十餘日，有物在兩胯間欲下，不知何故，即與師言。師復示以書，始知自有此景。縱之下降，遂達湧泉，升腎囊，至尾閭，上泥丸，降重樓。至上腭，甘美異常，下喉間，灌注心頭，清涼無比。至丹田，不可言喻。自此皮膚潤澤，身發異香。靜睡即見一輪浩月，當頭懸照。一夜醒後，忽見腹內明徹，從此眼力勝前，能於暗中辨桌椅。丹田時堅若金石，時融若春水，遍身酥軟，不喜動作。七日如故。今五月間，遍身發奇癢，亦只七日而定。時有物上衝心部，必引入丹田始安。

受親月餘，腹內如故，「得而復失」之言，其殆不可信歟。俟有他景象，再行稟知。茲謹述其大略如此。

寧按 此篇乃李君所作之報告書。其中依次詳述工夫效驗，一半是他在安徽省城求學時期所已經發現者，我曾同他本人仔細研究過。又一半是工夫效驗，是他回到皖北自己家中以後，續有進步者。余固未嘗得知，即其師胡淵如先生亦不能深悉，屢致函詢其狀。故李君遂總括前後逐步之景象，作此一篇，寄與胡先生。胡又轉寄於余，命考證其說與丹經合否。若不合者，當囑其改正。

愚見以爲，未破體之童子身修鍊，其效驗當然與已破體者不同。各種丹經皆是爲中年或老年人說法，豈可削足就履，强李君必由此道而行乎？雖與丹經不合，亦無妨礙。當日即本此意覆胡先生，後遂罕通音問。

又按　此篇末行云：「受親月餘，腹內如故，『得而復失』之言，其殆不可信歟。」這幾句話，太覺含糊。所謂「得而復失」者，因余等曾勸阻李君不要回家結婚，若一結婚，不免前功盡棄，得而復失，頗覺可惜等語。李君此篇，以「得而復失」之言爲不可信，即是針對余等昔日勸阻之語而發。但沒有說明，是否與其妻交媾；若已實行交媾，是否洩精；若第一次洩精之後，是否尚有繼續之舉動。諸如此類緊要關頭，皆未言及。僅言「受親月餘，腹內如故」，真令人無從索解。倘李君雖結婚而不盡爲人夫之義務，或雖交媾尚未曾達到出精之程度，或雖出精一二次，而其量不大，尚未感覺根本動搖，皆不致於傷損其丹基。若李君亦學俗人之交媾，必以出精爲目的者，或服膺外國衛生家之謬論，以爲青年男子，每星期必洩精一次，而後始免壅滯之病者，余敢決其終必破壞而已。世之學道者，宜注意及此，幸勿被李君所瞞。

載民國二十五年（一九三六年）六月一日揚善半月刊第三卷第二十三期（總第七十一期）

第七函

五老師台尊前：

月前接奉手書，蒙詳示性命之旨。反復玩誦，茅塞頓開。比擬稟覆，奈無便郵遞，闕久不報，幸勿爲罪。

生於九月十九日受親，雖經數次房事，精似未洩，每次仍從河車周轉，丹田堅實如故。丹書曾言及否？望暇示知。

茲將靜功所歷諸景，略述大端，從郵奉上，用達尊覽。但事過追叙，難免遺漏，先後次序，不無混淆。且精微奇景，尤非俗筆所能形容，師台取其意勿究其辭，幸甚。若謂爲書以示人，則非所望也。下士聞道大笑，上士不言而喻，中士聞如未聞。況生之所述，糟粕耳，皮毛耳，若以示人，徒自取辱耳。

生在鄂聞族中有李鶴松者，幼即好道，博學明儁。年二十，有文名，將受室，逃去。曾佐鮑超軍幕，以功受湖南知縣，不就，飄然竟去，遍遊西藏、青海、五臺、中嶽等處。後忽歸來，孑然一身，不持行具。居數月，亦飲酒食肉。食無定量，數日不食亦不饑。後又去，數歲一歸，狀如前，終日默默，無多語。去歲七月，端坐而逝，照常蓋棺入殯。秋九月，鄉人多見之蘄城，寄語家人勿念，後忽歸來。若此其委蛻脫化者邪？神仙亦有信有徵矣！又有人學此術期年，周身火熾，燒不可忍，居水中七日，火退身死。神仙亦有命邪？抑火候之未調歟？

人間富貴，皆有定分，此上乘之事，豈可强求？生將順其自然，而於人事不敢廢缺，亦欲效師台爲立言之事。日取史記及昌黎集，熟讀深思，苦無門徑。日臨鄭碑，亦無長進。僻居陋壤，無從就正，讀書、作文、習字諸法，望師台不棄，時賜教言，則此生之大幸也。

餘留續稟，肅請道安！

學生李朝瑞敬稟

載民國二十五年（一九三六年）六月十六日揚善半月刊第三卷第二十四期（總第七十二期）

第八函

五老師台大人尊前：

月前託徐君寄上一稟，諒達尊覽。邇者雜花生樹，羣鶯亂飛，望風引領，不勝春風沂水之思。川原修阻，郵政難通，不惟瞻絳無緣，即音信往還，亦展轉彌月。戀慕之情，奚啻赤子之戀慈母耶。

承詰房事景象，其中微妙，非筆墨所能形容。不過此時心實不動。日中生殖器收縮甚緊，半夜忽壯舉。及至私事，亦覺尋常，毫無驚喜之態。歡時與從前一身坎離之交無異。外腎收時，必有物從河車以上升，降重樓，下丹田，亦如前狀。數月以來，丹田堅實，精神未虧。形跡如此，師台其鑒之。

生雖迭經此境，自信頗能主持，决不敢逞踰分之慾。似此室家相處，亦覺無妨。且吾輩習此，只認爲正心誠意之道，成仙作佛，何敢望耶？ 此君沾染儒教習氣太深，說出話來，總是這種腔調，吾恐將來亦難有大成之希望。 一葉扁舟，放乎中流，聽其所止而休焉。 這幾句，又像莊子「委心任運」的態度，也不合神仙家宗旨。 師台抱定此旨，久當自驗，勿爲旁言所惑也。 自己見解，已不免有誤，尚欲更誤其師。可惜我當日不知其通信處，若郵函可通者，余必有良言奉勸，勸其堅持毅力，發大願心，切勿甘於小成，徒作自了漢也。

生近來每當夜半微醒，百體暢適，眼見腹內空明，一物無有，帳被歷歷在目。身體一動，則不復見矣。香氣馥郁，呼吸似有似無，杳杳冥冥，不知身在何處。其中至樂，正所謂「只可自怡悅，不堪持贈君」。然後知孔子曲肱而枕，樂在其中，誠非虛語也。

書不盡意，餘容續稟。

攖寧按　孔子之所謂樂，恐不似李君之所謂樂，何必勉强附會？余觀古代真正神仙家，皆具耿介拔俗之標，瀟灑出塵之想。孤芳自賞，雖集衆毁不足動其心；卓識堅凝，縱遇聖智亦不爲之屈。固無須借重他人之言論，以掩護自己之畸行。宋元以降，三教混同，仙風寥落，修鍊之徒，時而高談大學、中庸，時而講究金剛、圓覺，時而牽涉道德、南華，竟不知結果走到那一條路上去。做出書來，立足點又欠穩妥，一面受儒家之譏評，一面受釋家之攻擊，一面與道家之清淨無爲樂天安命一派，根本又不能調和。終至左右爲難，進退失據，真所謂弄巧反成拙也。

我與李君一别，至今已二十餘年矣，不知李君現時程度到何種地步。本刊在安徽一省，雖有幾處銷路，但不知李君能得見否。今不怕李君見怪，直言奉上。果李君願學孔子，我可以預料將來結果，也不過跟孔老夫子一樣，七十三歲，就應該泰山其頹了。幸而有一部論語和周易十翼，流傳到現在，大家還曉得當日有個孔夫子。不知李君可有什麽不朽之著作，流傳後世，使千載而下，尚知今日有一位李朝瑞其人乎？

載民國二十五年（一九三六年）八月十五日揚善半月刊第四卷第四期（總第七十六期）

第九函

五老師台大人尊前：

月初一稟，諒邀尊鑒。邇來燠氣方炎，伏維道祉綏和，爲頌爲慰。

生於本月二十四日夜半，忽外腎壯舉，以真息收之，忽覺坎離大交。**攖寧按** 真息是自然的現象，難於用人的意思去役使他。李君「真息」二字，不知指何種景象而言。「坎離大交」四字，删去最妥，用之反覺含糊不清。 全身震動，腹部有聲，腎心間暢快莫可名狀，較經人道，尤勝十倍。須臾有物上衝，河車輪轉一次，丹田中比從前更加堅實。

生自去歲，坎離久不交矣。復時有人道之感。乃今者忽復爾爾，其故何也？疑不可解。總之未得真傳，小周天功夫尚未完竣耶。敝鄉無可語者，師台其爲生決之。**寧按** 童體做工夫，與已破體之人不同。

里人有獲雌雉伏卵者，見其不動，攜至家，置之於庭，狀如初。人疑其被傷，不能飛也。半日後，有犬啐之，始翩然高舉。生意養丹者，必如此雉，默守規中，冥然無擾，而後可成。若此終日營營，而欲鍊虛合道，恐似緣木求魚耳。

去歲所請臨十七帖，如有暇，祈賜揮就，從郵寄交李霞珍爲禱。

肅此，敬請福安！

寧按　李君謂養丹如雌雉伏卵，其喻最確。惟鍊虛合道一層，尚談不到。因此刻正在做鍊精化氣之工夫，是爲初關未了。更有第二關鍊氣化神，第三關鍊神還虛，都未經過，如何就希望跳到第四關鍊虛合道？未免太覺躐等。

載民國二十五年（一九三六年）十月一日揚善半月刊第四卷第七期（總第七十九期）

第十函

五老師台大人尊前：

三月廿五，接讀手書，論道甚精，頓開茅塞。韋、李二君謂生正是人元辦法，轉生疑慮。生從前不過心息相依，遂獲種種景象，並不解所謂「天元」者。受親後，不縱踰分之慾而已，自覺無礙，亦不解所謂「人元」者。受親即是結婚。以經歷景象證之於知道者之言，生猶是門外客耳。蓋有時似小周天，有時似大周天，次序不準於丹經者多。當是火候不調，法則未備之故。先賢往矣，誰其與歸？師台其爲生決之。

管見以爲，守中抱一，節欲養神，順其自然，不必逆料其結果如何，當自無礙。承詰

「胸中無物」之意，謂無雜念、無過慮耳。人心無事時，若止水，若明鏡，不使物蔽之而已，豈能必其中之無影耶？雖孔子亦曰「從心所欲不踰矩」耳，不能完全無所欲也。**寧按** 這幾句話，說得頗中肯，不似佛經徒唱高調。

生已過之事，不設意追想，然亦偶來胸中，隨而放下，不致久留。未來者亦然。作事時，心能專一，不使紛馳。如曰毫無一物，則猶未也。**寧按** 就讓你能彀做到胸中毫無一物的境界，試問又有什麼用處？止水無波，案頭杯中之水耳；明鏡無塵，女子懷中之鏡耳。豈能載萬噸之巨艦、鑒森羅之宇宙乎？結果不過成就一個活死人、自了漢而已。

月前一夕，忽耳中如風濤大作，震響數分鐘始定。不知是何景象？交媾時，玄精洩與未洩，殆不可辨。**寧按** 「玄精」二字，不知指何物而言。有形乎？抑無形乎？恨不得就李君而面問之。丹田確實結丹，堅硬異常。有時滿腹作漲，須靜坐以意收縮，令其小如蓮子，則遍體暢適。有時昏迷欲睡，亦必靜坐始清醒。但所謂堅硬者，乃丹田之意耳。以手摸之，非真堅硬也。

生刻意學書，毫無進步。細玩師台筆法，頓挫之精，轉折之妙，不減慎伯、完白二人。今日南海、梅庵，自負書聖，人亦以此目之。**寧按** 李君作此信時，康南海、李梅庵，皆尚存。竊觀其用筆，不若吾師甚遠。以下皆論書法，從略

寧按　以李君信中所歷舉之景象而論，應該接下去做大周天鍊氣化神之工夫。惜李君無志於此，尚要研究什麽書法，真是可笑得很。不必説康南海、李梅庵二人爲李君所輕視者，即如李君所崇拜之包慎伯與鄧完白二人，其尸骨早已變成灰土矣，其精魂早已散於虛空矣。在書界雖負盛名，對於本人無絲毫裨益。以道眼觀之，殊不值得。余往年在鄧完白後裔家中，曾見完白手書張紫陽金丹四百字墨跡，古雅可愛。料完白在日，亦是好此道者，但未能實行耳。

載民國二十五年（一九三六年）十一月十六日揚善半月刊第四卷第十一期（總第八十二期）

第十一函

五老師台尊前：

發書後二日，接讀手示，欣慰無量。李君謂「滿腹作漲，須令自尾閭繞一周」，師台謂「諒必如此」。以生自驗之，有時臍下作漲，以意收縮，則自轉一周；有時心部作漲，即自收縮，無煩再轉。

承示「心息相依，刻刻不離，便有自然照應」，確乎無疑。蓋作漲者，即自然抽添也；在臍下者，未上河車即覺也；在心部者，則既下鵲橋而始覺也。造次顛沛，不離乎此，何危險之有耶？

至謂形如蓮子，與丹經之言不合。不知丹經形如黍米者，常如此耶？抑收縮至此而始罷耶？生去歲只能收縮如雞子，今則能收縮如蓮子矣。以此驗之，當是愈收愈小。形如黍米，乃是成功之象，非一蹴可幾。師台其與韋、李諸君決之。

寧按 丹經雖有黍米之說，非謂形狀像一粒黍米，乃是極小極少之意。譬如說黍米之丹，居然能點鐵成金。就是說以極少之藥力，居然能收極大之功效。此言外丹也。若內丹黍米之說，却是一個譬喻，非謂身中真有一物如黍米大小。張紫陽金丹四百字云：「烏肝與兔髓，擒來歸一處；一粒復一粒，從微而至著。」此言日積月累，由隱而顯也。金丹四百字又云：「混沌包虛空，虛空括三界；及尋其根源，一粒如黍大。」此言「放之則彌六合，卷之則退藏於密」之意，豈可執著「黍米」二字而必欲較量大小之形狀乎？故余常謂丹經難讀，實因其名詞及形容詞最足以誤人耳。

拙妻現猶無孕。生去歲亦嘗三五日游於房，或旬日或兼旬不等。今在校，每日曜日歸家，或遇或否，亦無定準。妻性亦靜，每次盡歡即罷，從無縱慾之擾。

寧按 「盡歡」與「縱慾」，其不同處何在，未易明了。

以尾閭無物而陽不衰驗之，當是無漏。

寧按　精射出竅，則謂之漏；　若未曾射出，則不名爲漏。　一言而决，何必作游移不定之辭？　但佛家之漏盡通，不作此解，學者勿誤會。

承示讀書錄云云，謂早間氣清，信然。　春秋繁露以儒者而爲此言，足見修養之術，古時家喻户曉，無足異也，又足爲三教同源之證。

寧按　儒教與道教可説是同源，佛教又當别論，不可混扯。

其謂「養生之大者乃在愛氣」云云。　蓋精氣神三者一物也。　若氣與水，形雖殊，其質未嘗變也。　耗精即是耗氣，耗氣即是耗神，縱慾而體憊者是也；　意勞者神擾，神擾者氣少，思慮多而夢遺者是也。　故謂不極盛不相遇，極盛而遇，斯無耗矣。　精者保身之大藥也，慾者戕生之賊也。　世人不察，縱慾戕生，至死不信，可不大哀乎？

寧按　此段所言，乃房中衛生之理，非神仙家言。

心死者身生，是神仙之秘訣。心不爲外物所移，則宇宙間我一人而已，無好無惡，無憂無慮，悠悠乎與灝氣俱，洋洋乎與造物者遊，則雖人猶仙也。若乃斤斤以長生爲念，則亦猶世人之患得患失，未達夫天地一瞬之義，亦陋矣哉，何神仙之可及也？

生抱定師台所示莊子「不忘其所始，不求其所終」之義，入世出世，無芥蒂於胸中。得之命也，其不得之亦命也。安命以聽天，何可逆天以違命哉？後略。

寧按　李君資格甚好，可惜被莊子所誤，以道家之眼光，來評論神仙家之宗旨，無有是處。神仙家宗旨，要與造化爭權，逆天行事，所謂「我命由我不由天」也。若只知安命以聽天，則與世俗之庸人何以異乎？所以愚見，必須將仙術拔出於儒、釋、道三教範圍之外，方有進步可言。倘世上人個個都像李君這樣，神仙豈不要絕種嗎？

載民國二十五年（一九三六年）十二月一日揚善半月刊第四卷第十一期（總第八十三期）

第十二函

五老師台大人尊前：

承賜手示，並所書龍溪秘諦序，均收到。序意推言意之爲害，並言誠意之功，即大學之道，靜功之要，聖賢心傳，釋、道秘蘊。

師台此作，無不盡之。置之座隅，反覆熟讀，不啻耳提面命之也。中略。

生近來無他景象，每月必有兩三日四肢酸軟，過此則精神如舊。六祖云：「在家亦可，出家亦可。」此言足信。

攖寧按　凡讀古人書，務須活看，不可死於句下。六祖所謂「在家亦可，出家亦可」之說，亦僅就特別人才與特別環境而言，非爲普通人說法。以余數十年來所閱歷，適得其反，可謂「在家亦難，出家亦難」。余自廿餘歲至三十餘歲，十載光陰，都消磨於道觀佛寺之中，對於出家人之生活，知之甚詳。惜李君無此經驗，遂不免隔靴搔癢耳。

載民國二十六年（一九三七年）一月一日揚善半月刊第四卷第十三期（總第八十五期）

第十三函

前略。收到附寄之書二頁，前一頁謂生所獲景象當屬大周天，並囑生堅持勿疑，復引莊子「攖而後成」及程子「動亦定，靜亦定」之語爲證。後一頁摘錄舊抄雜語及九轉之功，又錄龍溪大意，謂古人之學，自幼培其基本，固無事乎靜坐，程子不得已始教人靜坐。譬諸奔蹶之馬，不受羈勒，不得已而繫之以樁。靜坐者即繫馬之樁也。孔門克己持靜之功，兼動靜時言，靜者心之本體，實兼動靜之義。此語至切至當，足破習釋、道者之偏見。

攖寧按 謂古人用不着靜坐，後人不得已始習靜坐，此等論調，未免高視古人而卑視後人。古人何嘗個個都好？後人何嘗個個都壞？況且靜坐的工夫，一大半是用以對付肉體上氣血之浮動，頗有合於老子「重爲輕根」及「虛心實腹」之玄義。常見許多醫藥所不能愈之症，賴靜坐而獲奇效者。即就治病一端而論，已無古今之分別。若再論及内丹修鍊，專恃靜坐，固不能有成，鄙棄靜坐，亦不能見效。今人如此，古人亦莫不如此。蓋時代雖有古今，而人的眼耳口鼻五臟六腑四肢百節實無古今之異，如何可以說古人無事乎靜坐，後人不得已而靜坐？請問此理可通否？李君當日若不從靜坐入手，豈能做到種種效驗？自己即由此道而行，又何必故意別唱高調，貽誤學者？「足破習釋、道者之偏見」一句，將釋、道混爲一談，立論欠妥。李君與其師胡五先生，平日皆推崇莊子備至，請問莊子是不是道家？莊子有没有偏見？

吾人靜坐，正如孟子之「求放心」「養浩然之氣」「以求不心動」，孔子之所謂「居處恭，執事敬」「出門如見大賓」「視聽言動必以禮」「正心誠意」「以止於至善」，莊子之所謂「聽止於耳，心止於符」「守一以處和」，如是足矣。

攖寧按　莊子所謂「聽止於耳，心止於符」「守一以處和」，這些都是心息相依最精之義。孔子所謂「居處恭，執事敬」「如見大賓」「動必以禮」，這些都是講普通做人的態度，很有點像外國紳士們尖頭鰻的模樣，與老莊見解大不相同。至於大學上面所謂「正心誠意」，其作用在養成高尚之人格，其目的在齊家治國平天下；所謂「在止於至善」者，即是明德新民之標準，亦與治平之事理有關，而對於靜坐內鍊工夫，却毫不相干。孟子所謂「養浩然之氣」，蓋指「仰不愧於天，俯不怍於人」而言，是義理上事，非靜坐上事，與仙家之鍊精化氣、鍊氣化神，絕無關係。後人偏要强拉混扯，把孔子、孟子附會到神仙這條路上來，又把神仙學說附會到孔孟書上去，於是乎沒有一個神仙不是聖賢，更沒有一個聖賢不是神仙。這個不算，還要把印度的釋迦牟尼弄到中國來，大出風頭，遂變成儒釋混雜、仙佛不分的一種局面，可笑可歎。

生意守中抱一，心不外馳，其後也精誠自可不泯，與尸解何異？至用靜功發生種種之景象，則反本還原復其本體之證。先天一落後天，一身百竅，間有閉塞，今用靜功以復其初，開通百竅，神凝氣聚，遂生諸象，無足怪者。

承示「天應星，地應潮」之說，生乃於靜坐時見之，眉間點點有光，若螢光之閃爍；腹中澎湃，如風捲江濤，其聲甚大，此或是氣盛能鼓動腹中水分之故。但不必每次如是，亦有靜坐時無此現象者。後略。

攖寧按 李君內功之程度，的確不錯。其十三封信中，歷次所言各種景象，皆可供學者之參考。惟惜其拘泥於儒家之學說而不能自拔，將來恐難有大成之希望。余昔日與李君一面後，至今已二十餘年，沒有通過音問，竟不知其現在是如何情狀。雖願貢獻一得之愚，苦於無從着手，只得借本刊上發表勸勉之忱，並默祝其百尺竿頭再求進步而已。

載民國二十五年（一九三六年）一月一日揚善半月刊第四卷第十三期（總第八十五期）

溥一子內功日記

溥一子　著　陳攖寧　按

溥一子內功日記一

攖寧按　溥一子，姓程，名淵如，乃徽州人，服務於上海商界，現年六十六歲，練習靜功，已經三載有餘。以前用功，不甚得法，常常做出毛病。伊不肯灰心，愈有病，愈要做，並隨時逐漸改良，方能到今日之地步。誠可謂老當益壯，雖少年人不及也。伊日前偕中和子親到鄉間敝寓訪問，帶手摺一具，書此日記於上，蓋以備遺忘而便研究，本非投稿性質。余見其逐日記錄，實地試驗，大有益於學人，遂將原摺暫留敝處，重抄一遍，遂登本刊，使世間好道諸君閱之更爲興奮。庶幾年老者急起直追，勿以老而自餒；年青者精神振作，不至廢棄自甘。豈不美哉？

中華民國二十六年一月廿八日，早晨開始垂腿端坐，約三刻鐘，毫無消息，胸部微脹。二十九日早晨，垂腿端坐片時，氣機發動，自上降下，至內腎，轉向前，不通，復退後，循河車路，上泥丸，而降入丹田；二次，又自上發動，如前狀循環一周；第三次，自上降下，向兩腿直下，發揚不止，乃用凝神法收回。

三十日早晨，垂腿端坐，凝神調息片時，氣機發動，自上降下，由尾閭循河車路，上升下降，周而復始，連轉五六十周，聲勢雄壯，與上日情形不同。轉河車時，勿忘勿助，聽其自然而轉，並未用意思引導。坐一點鐘之久。

三十一日早晨，垂腿端坐，約半句鐘，因時間太促，未有消息。早餐後，垂腿再坐，習凝神調息片時，漸覺下部踴躍，氣機發動，下降上升，聲勢雄壯，與上日情形不同，另換一番新氣象。約坐一點鐘。

二月一日，時近舊曆年關，早晨無暇，下午二點鐘，抽暇垂腿端坐，約一點鐘。氣機發動，較上日緩和，呼吸由粗而微而靜，薰蒸之氣充滿全身，入於虛極靜篤景象。

二月二日，早餐後，垂腿端坐，約一點鐘。本來腹內似有前後中三條路，是日氣機發動，從中路徐徐下降，由内腎經兩腿，歷湧泉穴，而至脚趾尖。復上升，由尾閭河車路上泥丸，再由重樓而下，穿入臍輪，至丹田止。二次、三次以迄十餘次，均如此升降，其情形雖略似二十九日氣機發動之狀，但二十九日氣機只能降至腿下，不能上升。今日則氣機既降至腿下，又自動上升十餘次，故與前有分別耳。氣機停止之後，頓時薰蒸之氣從頭面重重包圍，竟至耳閉目暗。此氣徐徐籠罩而下，全身統被包圍，約十餘分鐘始散。

二月三日早晨，垂腿坐一點鐘，氣機下降上升，薰蒸之氣未包圍。

二月四日，時近舊曆歲底，清晨垂坐，氣機平平。下午坐三刻鐘，覺丹田作響，遍體酥軟如綿，氣機活潑。

二月五日，清晨垂坐，氣機平平。

二月六日，清晨垂坐，氣機平平。下午習靜坐，約半句鐘，頓時呼吸停止，只聞腦後頸背之間嗡嗡之聲，丹田臍輪緊縮，忽而收緊，忽而放鬆，一收一放，身心舒暢。

二月七日，清晨垂坐，氣機平平。

二月八日，清晨垂坐，氣機平平。

二月九日，清晨垂坐，因多天氣機未向兩腿下降，今日丹田氣機如輪旋轉，又覺背部氣如輪轉，直向兩腿下降，而至脚趾尖，復上升，循河車路，上泥丸，運轉二三周。約坐半句鐘，惜未久坐。

二月十日，本日垂坐，覺腦後嗡嗡之聲漸漸寧靜。

二月十一日即古曆元旦，垂腿端坐，氣機平平。

二月十二日，垂腿端坐，氣機平平。

二月十三日，連日因度古曆新年，飲食不節，睡眠失常，依人作嫁，未能免俗，以致工夫欠佳。垂坐，氣機平平。

二月十四日，垂坐，氣機寧靜，身心舒泰。

二月十五日，垂坐，氣機活潑，身心舒泰。

二月十六日，垂坐，氣機寧靜，身心舒泰。

二月十七日，垂坐，氣機寧靜，臍輪緊縮，一收一放，腎内發熱即書中所謂兩腎如湯煎。下午垂坐，約三刻鐘，呼吸停止，頓時腦後嗡嗡之聲，從中路徐徐而下，至内腎轉彎，向河車路上升，至泥丸下降，穿臍輪入丹田而止。復又自上而下，如前式，連轉五六次，始停止。

二月十八日，垂坐，氣機平平。

附誌 余習練小周天工法，每天夜晚臨睡時，坐約一句鐘。垂簾塞兑，目視鼻端，神光下注丹田，凝神調内外呼吸，漸至心息相依，神氣合一。其時坎府酸癢，氣機發生，乃數息轉運河車，由尾閭上升，至背脊之中段，約數一百息。乃停息沐浴片時，再數八十息至泥丸。此爲子進陽火，春夏發揚之象。再從泥丸沐浴温養片時，緊閉六門，數息下降至絳宫，停息沐浴。稍停片刻，再數息而入丹田温養。從泥丸下降至此，約數一百二十息。此爲午退陰符，秋冬收藏之象。到此時一周已完畢，再候坎府氣機發動，照前式，又轉河車一周。聽其自然而然，其氣下降兩腿以下。若能坐，再坐片時。有時不能坐，乃凝神徐徐將氣機收回丹田而停止。惟臨睡時打坐，總覺有點疲倦，第二天天未大亮，四五點鐘之時打坐，精神最佳。照此夜夜行之，從未間斷。惟據此盲修瞎練，終難成事，只隨時隨地，訪求明師指示迷途，是所萬幸。

載民國二十六年（一九三七年）三月一日揚善半月刊第四卷第十七期（總第八十九期）

徽州程君來函言四年工夫之進步

癸酉年夏曆十月，乃後學學道伊始，習因是子靜坐法。每到氣機緊迫之際，不識危險，竟極力抵抗，計七天衝過三關，並繼續打坐兩月。是年終大病來臨，全身浮腫，氣喘非常緊急，醫生亦爲之束手。其時杭徽公路初通，趕即返徽調理。

甲戌年春，後學在徽養病三月，頗有轉機，病勢減去其半。無奈假期已滿，只得帶病來申，不事醫藥，按日早晨到公園掉換空氣。上午九句鐘以後，號務紛繁，日無暇晷，惟忙裏偷閒，看看道書，夜晚打坐，並轉河車工作。

乙亥年春，小號範圍縮小，事務簡單，頗有餘暇閱看道書。其時用柳真人慧命經法，學習呼吸；次則分別內外呼吸，聽其自然而然，不敢加以勉强；再則稍用意思，氣機如輪自轉；久而久之，氣機轉動，舒捲自如，活潑異常。至冬令，有一次夜晚打坐，出其不意，氣機轟轟烈烈突然而來，包圍身之內外，如坐濃霧之中，一刹那間，忽然全無。經此以後，氣機內外流通，暢行無阻，而賤恙至此全愈矣。

丙子年，後學虛度六十有五，若不趕速修持，勢必空過此生。言念及此，不禁憂從中來。幸值號務暇閒時期，並承曹同志代覓得黃註道德經及樂育堂語錄，閱竟方知氣機宜聚不宜散。從此日間有暇之時，稍稍凝神聚氣，做點温養工夫，晚間行子午卯酉進火退符工法。近來頗覺口中津液清涼，身內熱氣薰蒸，惟飯量一減再減。平常每餐食飯兩碗半者，前月減去半碗，今又減去半碗，目下每餐僅食飯一碗有半，不知有無關礙？第以未受師訓，盲修瞎錬，紊亂無章，差之釐毫，失之千里，種種錯謬，不堪言狀，伏乞先生不吝珠玉，大發慈悲啟迪後學，指示迷途，不勝感恩戴德於無涯矣。

肅稟上陳，敬請道安。

九月八日

攖寧按 程君此函，乃去歲秋間寄到者，今歲伊所做之工夫，又比去歲大有進步，讀者可參看本刊第八十九期第十一頁溥一子內功日記，即知其詳。此日記乃陽曆二月間事，最近又有日記送來，尚未登出。余細察之，較今歲二月間更不同矣。程君曾至鄉間敝寓，暢談數小時，診其脈，觀其氣色，聆其言論，的確是工夫有顯著之進步，可喜可賀。無論將來成道與否，但從今以後，再延長二三十年壽命，並非難事。

普通人做工夫，做到全身浮腫，氣喘緊急，羣醫束手的時候，幸而死裏逃生，對於工夫一層，早已談虎變色，誰敢再繼續做下去？程君雄心毅力，真不可及，能有今日，決非偶然。

載民國二十六年（一九三七年）五月十六日揚善半月刊第四卷第二十二期（總第九十四期）

溥一子内功日記二

二月十九日早晨，同曹先生乘電車至徐家匯，换人力車至漕河涇，再步行數里至南石橋，拜訪陳先生。蒙指示要訣，下午乘梅隴火車返滬。臨睡時盤坐運小周工法，約一句鐘，並學伸腿坐。天將曉，復盤坐。因氣機不静，故夜少安眠。

二月廿一日下午，垂坐一句鐘，忽覺臍輪緊縮，牽連腎囊。兩肩頓時上聳，兩腿以下，甜酸酥軟，美快無比。夜睡運小周工法，日以爲常。

三月二日下午，垂坐，薰蒸之氣，自頭面籠罩，徐徐而下，包固全身，肅然無聲。約近半句鐘之久，静極而動，忽覺滿地燃放爆竹之聲，繼覺萬馬奔騰，又見車輪急轉。顯然明確，眼見耳聞，有聲有色，如風如電。一現即收，復歸於靜。再續坐半句鐘。

攖寧按　做工夫時，若遇此種現象，最好的辦法，就是置之不理。

三月七日清晨，垂坐，氣機一收一放，薰蒸之氣，充滿全身，坐三刻鐘，氣歸丹田而止。早餐後，坐半句鐘，氣機一收一放，腿部酥軟如綿，氣機通暢，如行船遇順風，徐徐向左旋轉，繞身一周，耳聞遠遠深沉流水之聲。

三月八日清晨，垂坐一句，氣機一收一放，收時愈收愈緊，全身震動，腹内微微作響。

三月十二日清晨，垂坐一句鐘，薰蒸之氣，飄颻面目間，氣機升降，身軀忽而伸長，忽而縮短，以及四肢愈收愈緊，如運動之狀。

三月十四日清晨，垂坐一句鐘，氣機升降，一收一放。近旬日來，練習呼吸，升之太上，頭腦作痛；降之太下，自腿以下，甜酸難熬。只可在緜緜密密若有若無之間，方能調和暢適。今日練習至内外氣息全停，頓入混沌境界。

攖寧按　這種現象是對的，再進一步，當用三丰真人「鑽」字訣。

三月廿一日清晨，垂坐一句鐘，氣機升降。默察升降之來源，似從督脈起，無内無外。

渾身氣膨脹上升至頭部，兩耳震響，轉向下，直降至脚趾尖，復上升，循尾閭河車路至泥丸。其時耳目口鼻如裂，喉頸伸直，由泥丸下降而入丹田。依此道路，上升下降，按日或五六次，或七八次不等。初起二三次，蓬勃力壯。其後數次，力漸微弱。

攖寧按　這種升降，似合乎正路，但惜僅限於自己身中之氣循環升降，未能和外界虛空之靈氣相接通。延年却病，則有餘矣。還丹結胎，尚嫌不足。

三月廿四日清晨，垂坐，氣機升降，自督脈至穀道緊吸，自臍以下，半身如在黑暗之中，只覺腎囊温煖縮緊，別無感覺。約五分鐘，緩緩由中路上升，至耳目之間，轉而下降，至脚趾尖，復上升，循河車路而至泥丸，轉入丹田。如此周行六次，皆有力。至末一次，其氣結成一團，約尺餘長，茶杯口粗，蜿蜒而入丹田，光溜溜，外無零星散氣。

攖寧按　所謂「尺餘長」並「茶杯口粗」之氣，恐不合法度，希望將來能有改變方好。

三月廿五日清晨，垂坐一句鐘，一收一放，少頃，氣機悠揚盤旋直下，降至脚趾尖，復上升，循河車路，上泥丸，而入丹田。周行五六次，渾身酥軟舒暢，景象更新。

三月廿七日清晨，垂坐三刻鐘，氣機升降。早餐後，坐一句鐘，凝神調息，寂靜之時，突然腳底湧泉穴發生奇癢，有氣一縷疾行，循河車路上升，至泥丸，降入丹田。

四月六日清晨，垂坐一句鐘，上升下降，氣包內外，耳目微覺閉塞。

攖寧按 因爲夾雜有濁氣在內，所以覺得耳目閉塞。若是純粹清陽之氣，則無此等弊病。二月二日之記載，與此同犯一病。殷羽君來函所言氣粗心急、頭目發脹諸現象，其病亦同，但更覺厲害耳。凡做工夫的人，欲免除此弊，要在飲食、起居、職業、環境並雜念上，特別注意，否則須防半路上發生危險。

四月十日，垂坐一句鐘，凝神調息，由靜而定，絳宮之下，丹田之上，有物渺小，徐徐動彈。此物上通泥丸，下連湧泉，酸甜無比，身心快樂。殆即古仙所云「吾有一物，上柱天，下柱地」者是耶？或者即胎息耶？道書云：「胎息常住金鼎之中。」

攖寧按 此種景象，近似真息，尚未到胎息之地步。若能廢棄人事，謝絕酬應，擺脱家累，尋覓清靜之處，衣、食、住三項不要自己煩心，並且有道伴作護法，專心一志，下死工夫，漸漸的就可以達到胎息之程度。鼻孔中永無呼吸之氣，方可名曰「胎息」。

四月廿六日下午，垂坐，凝神調息，呼吸由粗而細，緜緜密密。真息居中，微微動彈，漸覺渾身氣機充滿膨脹，收緊又放下，放下又收緊，愈包愈緊，無知無覺，細細而聽，遍身無處不知，無處不覺。久而久之，兩脚底忽覺意味清涼，氣機發動，從脚趾上升，循河車路上泥丸，而入丹田。書云：「放之則彌六合，卷之則退藏於密。」然工夫淺薄，何敢擬議於此，第未卜有幾分之近似否？

謹呈陳攖寧先生鈞鑒。

後學程溥一

攖寧按　余讀溥一子內功日記，不免有幾種感想，略書於左。

（一）世人常謂年老之人，修鍊難見功效，每易灰心。今程君年齡已過六十六歲，不能說不老，而其勇往直前之精神，與逆行造化之力量，猶勝過少年人。可知事在人爲，無所謂老不老也。

（二）世人學栽接術者，第一步工夫，就是開關展竅。用盡方法，醜態百出，關竅仍舊不通。程君工夫，僅事靜坐，並不像方士們有許多動手動脚動嘴動舌的花樣，在輕而易舉之中，關已開而竅已展矣。用不着什麼插金鍬、獅子倒坐、瞪目、聳肩、擦腹、搓腰、研手、摩面、拍頂、轉睛、閉息、嗽津等等動作，更用不着吹笛呵氣、裹莖露頂、板膝登天、栽葱吸涕種種捏怪。世有至誠學道之君子而誤走旁門者，聞余言切宜猛醒。

（三）學道者常被家累所困，各處道友來函，十分之九，都不能免，溥一子亦是其中之一人。據伊自云，再過五六年，俟小兒女能成立，或可脱離家累。余聞之不禁慨然。出家人既無家累，照情理而論，可以專心修鍊矣，然而也很困難。不唸經、不化緣，就没有飯吃，於是乎談及修鍊一事，在家出家，都無辦法。在家只有少數顯要及資本家，出家只有幾個擁鉅大廟產的當家師，以他們的經濟與環境，若肯走修鍊這條路，衣、食、住三項，是不成問題。可惜他們又無志於此。

載民國二十六年（一九三七年）六月一日揚善半月刊第四卷第二十三期（總第九十五期）

温州張君來函言平生學道之經過

謹啟者，未識荆州，殊深企慕。茲爲求道心切，敢將一生狀况，陳之左右，孟浪之愆，希鑒諒焉。

晚自三十歲以後，父母相繼棄養，哀毁幾不自存，而功名進取之念遂從此中止。遜清末葉，一二三同年，相率出洋求學，招晚偕行，而晚不之應。隨後塾師蔣作藩先生，任台州黄巖知事。繼擢浙江省警廳總務科科長，屢次函促作幕，晚皆婉詞以謝，惟一心瀏覽道德、莊、列諸書。而仙學苦無入手方法，乃購閲參同、悟真、仙佛合宗、金仙證論、慧命經、指玄篇、金丹真傳，以及晚出之道統大成等書。當時自命不可一世，計將自度以後，普度衆生，昭彰現世之因果，使衆生去惡遷善，同登仁壽之宇。且妄議古仙只作自了漢，不肯臨凡度仙，殊非大乘器量。噫！凡夫而狂妄若此，何其不自量之甚耶？

時光駒隙，忽已中年，幸蒙×××大師，指點上玄關一竅。師謂死心守竅内，氣必然發動。遵行數月，眉間光現，下田一動，即有清涼之氣上沖，周身肌理毛竅爲之一開，爽利無比。此外並無其他景象。叩之我師，則謂「死守玄竅，聽其自然」云云。而當時我師已得龜縮不舉，七日斷食工夫，面貌由瘦削而變爲童顔，惟鬚髮斑白，六脈搏指勁健，意者其未由胎息而至於無息耶？**陳攖寧增批** 其師脈象不好，工夫未到家。 晚學識膚淺，未敢妄擬。越年餘，師遂仙去，臨終亦無特異處，惟早一年自知時至而已。

自師殁後，中國道社林立，叩之入社之人，則皆死守玄竅，與晚所受傳者無異。從此心灰意冷，轉入淨土，行之年餘，似無意味，又參學禪宗。蒙永嘉張紹晉先生指看話頭，一二月後，悟破本參，方知諸佛衆生，同此一心，當下便是，較量即非。如張先生所言，此後只隨緣放曠，對境忘情便是。

但晚之入世已深，業識紛飛，慣走熟路，對境忘情，談何容易？何如仙學之擒鉛制汞，汞自不飛，其功夫較爲切實乎？仙學之難能而可貴者在此。晚之所以推重仙學者，亦即在此。乃自學道以來，至今年已垂暮，羔羊詣屠，能不寒心？而老境雖臻，每夜睡後，必陽興物舉，而一覺即萎。有時萎而復起，亦隨覺隨萎。日間則無此景象，亦無色慾念頭，深恐生人興趣已絕，難望成功。

先生識見宏博，伏乞爲晚下一判斷，如朽木可雕，至希提前函示，晚將拜詣門牆，斷臂求法，引領待命，不勝迫切之至。

肅此，順叩道安！

攖寧按　凡欲求出世法諸君，讀張君此函，應得幾種教訓。第一種教訓，徒看死書，不得傳授，是無濟於事的；　第二種教訓，徒抱大志大願，不做實在工夫，亦無濟於事；　第三種教訓，普通守竅之法，很難有成功的希望；　第四種教訓，淨土法門，不能接引知識階級，難以起人信仰；　第五種教訓，參禪看話頭，能說不能行，只好自己欺騙自己；　第六種教訓，張君求出世法三十餘年，今已六十六歲，而對於真正神仙學術，尚未曾得人傳授，可知現代深通此道之人甚少，可見本刊努力弘揚仙學確是當今之急務。

陳攖寧增批　此人今年已七十餘歲，家在溫州瑞安。

載民國二十六年（一九三七年）五月十六日揚善半月刊第四卷第二十二期（總第九十四期）

温州瑞安某君來函述工夫現狀

前略。自回里後，閒散數日，即行靜坐工夫，每日坐二三次。下部常見震動，而心胸震動亦或有之，不過極少耳。但此靜極而動，必由睡去發覺，尤以夜間起坐爲多。如本月一日、二日兩夜間起床初坐時，只覺游思雜出，乃收斂微細之神，鑽入氣中，游思頓息，逾久即睡，睡後即動。動時雲開霧散，周身爽利。如法收拾，不久又睡。一睡一動，一覺一收，直至天亮下床方止。蓋不記其次數也。兩回均是如此。

按太極靜而生陰，動而生陽，動靜互爲其根，亦是常理。但在數小時中，靜而屢動，雖覺身心暢適，終恐有滋流弊。××有鑒於此，特地作一番試驗。試驗之法，即於動時振作精神，勿令睡去，遂不見其動焉。究竟於動一二次後是聽其睡去爲合法乎？或是勿令睡去爲合法乎？此中疑竇，未能冰釋，請賜教言，破迷指正，俾便遵行，無任盼禱。中略。

近時下手工夫，只欲每日如此，勿使間斷，不計功程，亦不求效驗。稍有間斷，即時返省，自警自惕，自勸自勉。日間一切視聽言動，觸事生心，急自護持，迴光返照，務求居塵出塵、在俗無俗而已。惟此等工夫，談何容易，尚冀訓勉有加，以匡不逮。

寧按　老年人工夫，重在培補虧損，應該多睡爲妙。一睡一覺，一靜一動，循環互根，方爲合法。若長坐不睡，乃是後來事，非前半段工夫所宜，縱能勉强振作，亦未必能得益。因明明白白景象，不合於先天之妙用也。道家與禪家工夫之不同，即在於此。新出版的道竅談書中第二十章及二十一章，論玄關處，可以參看。又第二十四章中字直指亦佳。三車秘旨中之「收心法」下手工夫，亦可研究而實行之。

陳攖寧增批　此人即張復真君。本刊第九十四期七頁有他來函一通，可參看。

載民國二十六年（一九三七年）八月一日揚善半月刊第五卷第三期（總第九十九期）

某君來函自述工夫之怪狀

敬肅者，自××二君赴滬後，此間無可談者。家庭瑣事，又素不聞問，每日除讀樂育堂語錄、道德經註釋與彈琴摩笛外，無聊已極。乃不管死活，繼續靜坐，時間無定，欲爲則爲，任意所之，大概每日總有一二次以上。

坐之方式，垂腿端坐，聽其自然，始則外呼吸漸細漸短，忽有忽無，有無之間，腹部之起落完全停止，僅胸部開闔而已。本來男人均係腹呼吸，至是乃相反。

繼之則覺臍之上，心腔之下，微微震動，漸頻漸大，突然一聳，腹部爲之氣滿，斯時外呼吸停止矣。但覺背部火熱，全身溫煖，同時氣向下冲，膀胱肛門均不通，則逼至腰之下兩內腎側。腹部依然隆起。須臾，腹忽內陷，而冲至胸部。

斯時也，上身直豎，兩肩後向，脊骨內彎。俄頃，又下腹部，依舊前狀。最後乃胸腹一伸一縮矣。如是一二分鐘，則冲至頭部。

斯時面上醜態百出，或軒眉張口，或唇鼻聳動，或頸骨硬挺，或下嘴唇向左右下垂，或上下唇四向旋轉，或下巴頦自動，或舌盡力外吐如弔死者形狀，僅餘兩耳不能轉動。

如是運動畢，則又下沖胸腹或四肢。要之有筋肉骨節處均能自動，但沖至面部四肢時，則呼吸如常。

以上均屬坐時之動作。

此外更有不可解者，氣若沖至兩腿時，則自能起立，同時兩臂亦有氣流通，其姿勢有像八段錦者、十二勢者，有像猴拳、潭腿者。有時則自能散步，欲停不得，步法亦不一式，或正步，或曲行，約數分鐘，突然止步。又如練武術矣，其中有幾手姿勢，很像太極、八卦、形意等拳法，疾則手舞足蹈，旋轉如風，緩則蛇行鶴步，四向照顧，有時竟像打醉八仙一樣。最後乃自能退入原位，如背上生眼睛者。

此時依舊端坐，氣復收入胸腹，漸徐漸微漸無矣。至是全功乃竟，需時約一時餘，或二時。

以上動作，均屬自然，非故意者，且係實情，非虛構者。兹將不盡之意雜書於後。

(一)每次現象，均大同小異，考諸丹經，竟出其範圍之外。

(二)晚並未學一手半手之拳術，以上之拳名，或聞諸友人，或得小說，何以受此氣之支配而像拳術中之姿勢乎？

(三)河車一路均不通，氣若自兩臂至兩腿，先收入肩骨而旋轉，乃由背部之兩側入臀上之骨盤，搖擺少許，方能直下兩腿。反是亦然，若由兩臂回腹，則亦自背部兩側至腰下轉折而入，乃由腹而胸，震動數分鐘，再行沖向別處。

（四）起坐後，神清氣爽，六脈平和，並無四月二日不愉快之情形，始知彼時只猜全功已畢，即行起坐，是有礙健康的。

（五）坐時及坐畢，均有汗，但無疲倦情形，且過後飯量大增。

（六）前次靜坐，需數十分鐘，胸腹之氣，始能沖動，今則數分已可動矣。苟入坐時，不用調息，即將外空氣一吸入腹，再以意隨之，亦能沖動。但嫌其不自然，不敢常爲耳。

（七）一月十三日、二月十一日、四月四日、五月廿五日共上四函，不知均收到否？

攖寧按　某君此種現象，已不在普通靜坐法範圍之內，很像前幾年湖北某道人所傳授一種神拳樣式。我非神拳專家，恕我不能批評。即如日本岡田式靜坐法，以及中國各處流行的守竅法，他們在打坐時候，也會偶然發生各種怪現象，或哭或笑或吟呻，或嘴臉歪斜，或身體搖擺，但是他們的兩條腿仍舊坐在原處沒有移動。今觀來函言，氣到兩腿時，則自能起立，自能散步，自能退歸原位，並能表演許多拳術之姿勢。如此情形，早已失却「靜」「坐」二字之本旨。如果某君目的是要打神拳，我就不敢讚一辭。若要修道，真可謂相差萬里，愈走愈錯，越弄越糟，還是趕快把工夫停止爲妥。若原來有人傳授，則傳授之師應當負救正之責；若無人傳授，只靠自作聰明，翻新花樣者，應當急速改悔，勿再墮入魔道是幸。

陳攖寧增批　「××二君」即張復真、馮錬九二君；來函之「某君」，乃温州瑞安之蔡績民君；「湖北某道人」，即蘇恢元君。

載民國二十六年（一九三七年）七月一日揚善半月刊第五卷第一期（總第九十七期）

梁海濱入山鍊劍事實

梁海濱先生入山鍊劍事實第一

王隱　投稿　陳攖寧　按

雜書言劍仙之事甚多。所云白光一道，百步刺人，若囊中探物者，初以爲小說家之寓言也。去年秋，學太極拳於蘄水陳微明先生，得聞劍仙確有其事。先生在北平，嘗見二人，皆樸魯類鄉愚。蓋有道者決不願以術眩人，棲隱巖阿，與天爲徒而已。

一昨於朋輩座上，遇某名士，談及劍仙，謂聞諸朱古薇侍郎，其言曰：「上海七浦路，有圓應道人者，所交多異人。有友梁海濱，粵人也，治玄門之學，鍊劍數年，只得小乘，因求師於武當山。四五日後，方自山麓至師所。石室儼然，巉巖插天，洵仙境也。師知其來意，便令跏趺服氣，及鍊劍之法。十四日後，忽見白光一道，自石室中飛出，其師已立其前，曰：『汝劍已成，可下山矣，然此乃術也，非道也，道在丹籍中求之耳。』梁堅請學道，不願下山。師曰：『仙有仙骨，亦有仙緣。骨非藥所能換，緣亦非情好所能結，必積功累德，而後列名仙籍。仙骨以生，真靈自爾感通，仙緣乃能湊合。汝於世尚有一番事業，功德未立，即志在清虛，必無成也。』梁遂辭師下山，凡二日已在山下。蓋授以辟穀導引之術，十數日未嘗進食矣。前年□□擾廣州者，時梁適辦民團於某村，闔境安謐，未遭蹂躪，皆梁主持之力。」**陳攖寧增批** 此一大段是望平街中西書局出版的某書上所記載，該書名已忘之矣。

王隱曰 余素喜劍仙之術，苦於不得其門而入，今見某書局有出版之書，末尾載有此一段文章，知梁君乃在現代之人，實有其事，並非空中樓閣。特照原文鈔錄，投稿於貴刊即揚善半月刊，與眾共見，且欲借此宣傳之廣，以求訪其人。海內同志，幸勿吝賜教。

攖寧按 梁君前幾個月，尚滯於滬上，現在又到別處雲遊去了。聽說是先到青島，後到終南，未知確否。但此篇文章，所記載的事實，僅得真相十分之一，尚有十分之九，未曾說出。梁君在武當山石洞中住過兩三年，後方下山。此篇言在山中只有十四日，就鍊成功，那有這樣便宜的事？我想做文章的先生們，都是在酒席筵前得到的消息，抓起筆來，瞎寫一陣，所以弄得牛頭馬嘴。奉勸諸位撰稿的先生，以後下筆要慎重一點，這是記實人實事的文章，不是做空中樓閣的文章，須要打聽清楚，不可任意捏造。

又按 此篇言七浦路圓應道人與梁君爲至交，又錯了。此人名叫圓虛，不叫「圓應」，也是廣東人。尚有一位叫做通邃道人，原籍江西樟樹鎮，與梁君亦稱莫逆。梁君別號懶禪，於是圓虛、通邃、懶禪三人結爲道侶。就中推懶禪年最長，現已近八十歲矣。圓虛在滬戰之前，早已回到廣東去，不知此刻是如何情形。通邃學問淵博，天文地理，無不精曉。常自言年齡快到七十，身中真鉛真汞之氣已衰，若用南派栽接之法，奈爲境遇所困，力不人心；若用北派清靜之法，又因年齡關係，未必能收速效。不得已學一種投胎奪舍的工夫，居然被他做成功了，前年坐化於上海河南路永昌泰五金店樓上之呂祖壇隔壁靜室中。其時正值華燈初啟，高朋在座，談笑甚歡，通邃君忽蹙額曰「吾去矣」，遂斜靠於西式團椅上，笑容漸斂，聲息全無。店主人程蘭亭先生，急乘汽車，趕至敝寓，促余往視，已無及矣。通邃君以前屢屢自言「我尚有五年壽命」，余等聞之皆不樂，今果符合預言之數，但多出半年耳。其時梁海濱先生，正在廣東，有要務勾留，未獲訣別，聞之頗悵悵也。關於通邃並海濱的異跡甚多，他日當出專著，今無暇備述，僅約略附記於此。

載民國二十四年（一九三五年）二月一日揚善半月刊第二卷第十五期（總第三十九期）

梁海濱先生入山鍊劍事實詳記第二

吴彝珠

余讀揚善刊總號第三十九期王隱君投稿所紀載梁先生之事，頗嫌缺略，今特補述於後。梁先生原字橙里，别號海濱懶禪，乃廣東省南海縣泮塘鄉人。當民國十三年時，梁正在滬，嘗與黄邃之、李圓虛二君同遊。黄君原籍江西省樟樹鎮，别號通邃道人，與攖寧子爲忘形之交。圓虛道人乃梁之同鄉，曾在滬懸牌行運氣按摩不藥療病之術，頗著神效；通邃道人長於内外丹法，並陰陽數術；梁先生則專學鍊劍。三人道雖不同，而交情甚厚。

彼時余設診所於法租界民國路，醫務之暇，輒與通邃道人於密室中扶乩請仙以爲樂。每星期日，並招待一班道友，談玄説妙。如此者歷十有餘年。圓虛固常辱臨，而海濱從未一至。故余等徒聞其名，不能識其面。

梁君本與通邃道人有約，共赴徽州黄山隱居習静，已擇期起程矣。某日梁君自外返寓，忽見案頭有一書。拆閲之，乃其師之筆跡，令其勿往黄山，急須趕到湖北均州武當山下相見。梁君遂臨時改變方針，由水道直趨漢口。此乃民國十四年事。直到民國十六年，余等方知其已回廣東鄉里。十七年由圓虛道人處間接得到許多消息。因伊等不時有函件往還也。

另有一長函，敘入山情景甚詳，余得之於敝戚沈敬仲君轉抄而來。後以問圓虛，據云不誤。故說及梁君入山事實，此信當較傳言爲的確。

余收藏此信已八年於兹矣，今見揚善刊王隱君一段文章，觸動鄙懷，遂將原函公開發表，以證明此事真實不虛。

海濱懶禪覆圓虛道人書

吴彝珠　鈔録　陳攖寧　按

圓虛先生老同道偉鑒：

與君握别，兩年又半，再入塵寰，恍如隔世。捧讀手書，殷勤垂念，深感無已。詢及行藏，烏容緘默，謹爲足下約略陳之。

乙丑八月廿四，與君揖别，溯江抵漢皋，折而西北行。以九月十八日，至均縣城外一客店。此處距離武當僅二十里。方擬明晨入山，乃其夜吾師亦至，命余安頓行李，僅挈棉衣三兩事，乘筍輿前往。自是皆崎嶇山路，蜿蜒邐迤，所經琳宫紺宇甚多，俱未暇觀覽。末後至一處，長林豐木，蓊鬱蔽天，而日已垂暮。覓得兩三茅屋，乃下輿借宿。天未明即起，遣輿夫回。遂將所提衣物作一小包裹，負於背，隨師徒步，行行重行行，不知歷幾許峯巒巖壑。已而樵蹤斷絕，路盡毛荊。斜日昏黃，徑轉陰翳，既抵山之深處，於懸峭壁下得一洞，宛轉如屋，而石几石磴參錯陳列，蓋古隱君子潛修之所也。師曰：「姑止此，慎毋恐。山中多靈草，食之可療饑。」乃導余各處採擇，無非山菓草根。儲於洞內，倚爲糧糗。已而授余諸秘訣，並傳火觀法爲禦寒計。瀕行又曰：「慎毋恐，我固衛汝也。」語畢遂去。

嗟夫，當此之時，余藐然一身，竄居寒荒幽寂之境。耳所聞者，鳥獸聲；目所接者，巉險猙獰之山勢撲人眉睫，則其惝怳惴慄之狀又當如何。微特萬念全灰，即此一身亦復不知所在。然既來此，將奈何？只有置一切於度外，從師所命，冥心密眄，塊然與頑石枯木同偶而已。

夫苦樂本無定相，心以爲苦，則苦也。習而安之，與苦相忘，則隨處皆樂地。余居山，除汲泉解渴、摘菓充饑而外，長日唯端坐，絕無所思。**攖寧按** 自己工夫如何做法，不能對外人言，只得以此等話頭搪塞而已。圓虛與梁君至交，尚且如此，泛泛者簡直可以不必問津，免得徒勞心力。這種事只許師尋弟子，不許弟子尋師，向例如此，非自今日始也。北平王顯齋君之口尤緊，絲毫不承認有此事，惟黃通邃君知之耳。別人去訪他，大都餉以閉門羹，況住址又常常遷徙。余昔年曾託黃君轉請王君到南方來一次與梁君相晤，已得其允諾。惜乎黃君坐化，梁君遠遊，而王君更難覓其蹤跡矣。塵境滄桑，奇材寥落，有如是夫。

又不知經幾許晨昏，花落花開，都忘歲月，但始終未逢一毒蛇猛獸相擾，亦異也。一日大雪，方計禦寒，而洞內出氣蓬蓬若蒸，頓除凜冽，土脈厚也。惟洞外則冷不可言。又越多時多時，至某日之夕，余方禪坐，洞內忽放光明，四壁石紋俱見。驚顧間，而吾師已立於吾前，笑曰：「汝劍術成矣。此處有秘密動作不便明言。」乃命余閉目跪地。良久，忽向頂門一拍，疾呼曰：「起！」遂將應有之手續，逐一宣示畢，喟然歎曰：「術雖成，而所謂道者殊未至。勉成道器，方能歷劫存在，否則一切等歸無用。吾憾乎子之道念未堅也。」天甫明，率余下山，僅半日已抵均縣城外舊日所寓之店，吾亦不自知何以飄忽便捷若此。私向店主詢問歲月，則適值丁卯夏初。屈指計之，曾幾何時，殆二十閱月矣。山中七日，世上千年，恍惚似之。雖然，苦樂既無定相，久暫亦無確徵，凡人果能息心貞一，則長時與短時亦復何別？佛說：「萬劫一刹那，刹那即萬劫。」蓋同此理。彼感覺時間悠久者，乃妄念遷流，生此種種現象。足見世界者實凡夫之執著所成焉耳。**攖寧按** 梁君素不喜讀佛書，而能通佛理，可知實證勝過讀死書萬倍。又梁君在仙道門中，尚未深造，其見地已超脫如此，況仙道之大成者乎？毀謗者可以休矣。

先是余追隨杖履，除聽受外，不敢發問，恐師責其躁急也。而師亦先意啟發，無勞置喙。今既至此，乃無一言，自不得不請示行止。師曰：「且北行，我則南去。」對曰：「汴梁如何？汴梁即河南省開封縣。」師曰：「亦佳。汝欲復煙火食，可先進胡桃。」余以永久絕粒請。師曰不可，懼惑視聽。又警告余曰：「己巳之歲，諸凶星會，宜戒慎恐懼，猛修厥德，過此乃無慮云。此處原有許多秘密預言，不敢自我宣傳，故皆略之。勉之。」語畢遂行。以上所述，僅具大概，不敢詳述，恐干漏洩之譴。師既行，余亦東首廣水，轉而北向，達於汴梁。時烽火連齊趙，滿天兵氣擾及汴流。因假相國寺，暫憩行纏。古寺幽僻，樓居寂然，日中或食或不食，久而久之，乃漸復故態，亦只素餐而已。師昔嘗云，吾俗事多未了。今日切己之事，則惟先君未歸葬耳。遂如青島，擬負骨歸。乃揭棺檢視，則未化者十仍三四。不獲已，依舊蓋棺封葬，立巨碑爲識。如此手續，未知合否？實當時迫於不得而已，故用此策。先生精堪輿術，祈有以教我也。

事畢南行，作寧家計，以六月十八日抵里。既歸，閉門蟄伏，殊不願與外人接近。一日偶行市中，與方谷君一面。未幾兵禍變起，狂風疾雨，全城震驚，危等陸沉，鄉老麕集余門問計。余曰：「宜鎮靜。」速組織鄉團，繼警察之未恢復者。已而事平，一方獲免，亦不幸中之幸也。

今年二月廿五日即民國十七年，輾轉而獲讀手書，並所賜小傳，君子尊賢而容眾，嘉善而矜不能。慚愧，謝謝。

雖然，君知其前一節而已，而中節未知，後一節則僕亦不能道。李君相巖，本非素稔，今始相識。僕鄉居踰半載，蟄居思動，心躍躍欲出。徒以師訓戒懼，且歲又未逾己巳，故終不敢肆。高明則何以教我？

足下懸壺海上，所業諒發展，太極拳術必大進步。陳胡二君，諒皆安好。蘇君想康健如祝。葆真老同道現在何處？愧未通候。

僕性本疏懶，今此再履塵世，於俗事更不慣。每覺拂情，未遑恤也，是懶而加之以僻矣。懶禪懶禪，可謂名實相副。

手此布達，未盡衷曲。敬候道祉！

戊辰二月春分日橙叟拜覆

載民國二十四年（一九三五年）四月一日揚善半月刊第二卷第十九期（總第四十三期）

呂祖參黃龍事考證

陳攖寧

本刊第六十一期，有玄一子投稿，標題爲呂祖參黃龍事質疑。蓋因坊間呂祖全書中載有此事，而仙佛合宗中又說此事是僞造的，不可信以爲真，故疑莫能決，遂投稿於本刊，希望大家公開研究，得一結論。意甚善也！

吾人生在千年以後，而欲判斷千年以前事跡之是非真僞，談何容易？姑就余力所能及者，勉成此篇，以供眾覽。茲先搜集材料如左。

指月錄第二十二卷云：「呂巖真人，字洞賓，京川人也。唐末三舉不第，偶於長安酒肆遇鍾離權，授以延命術，自爾人莫之究。嘗遊廬山歸宗，書鐘樓壁曰：『一日清閒自在身，六神和合報平安；丹田有寶休尋道，對境無心莫問禪。』**寧按** 此詩首二句與別本不同，想亦有傳聞之誤。 未幾，道經黃龍山，覩紫雲成蓋，疑有異人，乃入謁。值龍擊鼓陞堂。龍見，意必呂公也。欲誘而進，厲聲曰：『座旁有竊法者！』呂毅然出，問：『一粒粟中藏世界，半升鐺内煮山川。且道此意如何？』龍指曰：『這守屍鬼。』呂曰：『爭奈囊有長生不死藥。』龍曰：『饒經八萬劫，終是落空亡。』呂薄訝，飛劍脅之，劍不能入。遂再拜，求指歸。龍詰曰：『「半升鐺内煮山川」即不問，如何是「一粒粟中藏世界」？』呂於言下頓契，作偈曰：『棄却瓢囊摵碎琴，如今不戀汞中金；自從一見黃龍後，始覺從前錯用心。』龍囑令加護。」本篇全錄，一字不遺。

呂祖年譜引五燈會元云：「呂真人嘗遊廬山歸宗寺，未幾，道經黃龍山，值黃龍禪師升座。呂問：『一粒粟中藏世界，半升鐺內煮江山。且道此意如何？』龍指曰：『這守屍鬼。』呂曰：『爭奈囊儲不死藥，安知與佛有參差。』龍曰：『饒經八萬劫，終是落空亡。』呂恍然大悟，再拜求指歸，言下頓契。」

呂祖年譜引道緣匯錄云：『咸通七年，呂祖金丹已成，不覺洋洋自喜**寧按** 呂祖心中事，做書的人如何能知道，乃復繼遊廬阜。至黃龍山，值誨機禪師升座。呂祖登擂鼓堂聽講。師詰：『座下何人？』呂祖曰：『雲水道人』。師曰：『雲盡水乾何如？』呂祖曰：『暵殺和尚。』師曰：『黃龍出現。』呂祖曰：『飛劍斬之。』師大笑曰：『咄！此固不可以口舌爭也。』因問：『汝功夫如何？』**寧按** 機鋒已畢，何必又問功夫，未免畫蛇添足。呂祖曰：『一粒粟中藏世界，半升鐺中煮山川。』師曰：『這守屍鬼耳。』呂祖曰：『爭奈囊儲不死藥，安知與佛有參差。』師指鐵禪杖云：『饒經千萬劫，終是落空亡。』呂祖豁然大悟，乃留一偈云：『棄却瓢囊摵碎琴，大丹非獨水中金；自從一見黃龍後，囑咐凡流着意尋。』遂拜禮辭去。」

呂祖年譜引仙佛同源云：「黃龍誨機者，乃商山四皓之一夏黃公所化也。初引鍾離祖師見東華帝君王玄甫，繼託跡於廬山黃龍寺，架箭張弓，以俟呂真人。**寧按** 一派神話，皆無稽之談。其慈悲可謂至矣。其所啟發者，正復不少。則呂祖之受益於黃龍，黃龍之傳燈於呂祖，使其集大成歸神化者，豈淺鮮也哉？」**寧按** 趙緣督仙佛同源論中無此說，不知其何所據而云然？

呂祖年譜引草堂自記云：「咸通中，予感黃龍之示，更窮萬仞之功。北登醫吾閭山，了却歸空大道。自此則神滿太虛，法周沙界，度人心事，無岸無邊。」**寧按** 呂祖自己讚美自己，真大笑話！

呂祖全書云：「呂祖至武昌黃龍山，值誨機禪師升座。祖登擂鼓臺聽講，師詰：『座下何人？』祖曰：『雲水道人。』師曰：『雲盡水乾何如？』祖曰：『暵殺和尚。』師曰：『黃龍出現。』祖曰：『飛劍斬之。』**原註云** 世因此語作為傳奇，有「飛劍斬黃龍」之事。昔柳真人曾辯此事，謂答機鋒。信然。**寧按** 自從淨土法門盛行後，打機鋒就無人重視了。師大笑曰：『咄！固不可以口舌爭也。』遂與指明大道。祖因呈偈曰：『棄却瓢囊撼碎琴，大丹非獨水中金；自從一見黃龍後，囑咐凡流着意尋。』末句全唐詩作『始悔從前錯用心』。祖師證圓通佛果，蓋本於此。」

呂祖彙集云：「參黃龍機悟後呈偈一首，道書全集未載，照全唐詩錄入。詩曰：『棄却瓢囊撼碎琴，如今不戀水中金；自從一見黃龍後，始覺從前錯用心。』」「如今不戀」，神仙鑑作「大丹非獨」；末句作「囑咐凡流着意尋」。

清朝禮部尚書王文貞公崇簡冬夜箋記云：「俗傳洞賓戲妓女白牡丹，乃宋人顏洞賓事，非呂純陽也。」

呂祖聖蹟紀要云：「呂帝經鄂州之黃龍山，覩紫雲成蓋，知有異人，乃入。值誨機禪師昇座，意必呂公也，欲誘而進。厲聲曰：『座旁有竊法者。』呂帝毅然出問曰：『一粒粟中藏世界，半升鐺裏煮山川。且道此意何如？』龍曰：『饒經八萬劫，終是落空亡。』帝君薄訝，飛劍脅之，不能入。遂再拜。龍曰：『座下何人？』答曰：『雲水道人。』龍曰：『雲盡水乾時如何？』帝君未及對。龍曰：『黃龍出現。』帝君恍然悟，求指歸。龍詰曰：『「半升鐺內煮山川」即不問，如何是「一粒粟中藏世界」？』帝君於言下大徹，呈偈曰：『棄却瓢囊摵碎琴，如今不戀水中金；自從一見黃龍後，消盡平生種種心。』龍囑令加護。」

同文書局石印全唐詩第三十二卷第六十二頁呂巖詩錄如後：「參黃龍機悟後呈偈 **原註** 第二句缺一字：『棄却瓢囊摵碎琴，如今不戀□中金；自從一見黃龍後，始覺從前錯用心。』」原集首附有作者略歷，其文如後：「呂巖字洞賓，一名巖客，禮部侍郎渭之孫，河中府永樂縣人一云蒲峻縣人。咸通中，舉進士不第，遊長安酒肆，遇鍾離權，得道，不知所往。詩四卷。」

指月錄第二十一卷云：「鄂州黃龍山誨機超慧禪師，初參巖頭，問如何是祖師西來意。頭曰：『你還解救糍麽？』師曰：『解。』頭曰：『且救糍去。』後到玄泉，問如何是祖師西來意。泉拈起一莖皂角曰：『會麽？』師曰：『不會。』泉放下皂角，作洗衣勢。師便禮拜曰：『信知佛法無別。』泉曰：『你見什麽道理？』師曰：『某甲曾問巖頭，頭曰你還解救糍麽，救糍也只是解粘，和尚提起皂角，亦是解粘，所以道無別。』泉呵呵大笑。師遂有省。幻寄曰：「玄泉若無後笑，幾乎帶累巖頭。黃龍一笑下脱却毛角，尚未免牽犁拽耙。」問：『急切相投，請師通信。』師曰：『火燒裙帶香。』問：『風恬浪靜時如何？』師曰：『百尺竿頭五兩垂。』問：『毛呑巨海，芥納須彌，未是學人本分事。如何是學人本分事？』師曰：『封了合盤市裏揭。』師將順世，僧問：『百年後囊鉢子甚麽人將去？』師曰：『一任將去。』曰：『裏面事如何？』師曰：『線綻方知。』曰：『甚麽人得？』師曰：『待海燕雷聲，即向汝道。』言訖而寂。」以上皆指月錄原文，一字不遺。學者欲知黃龍爲何如人，並其程度到何等地步，請研究此篇可也。

指月錄第十七卷云：「鄂州巖頭全奯禪師，中略唐光啟之後，中原盜起，衆皆避地，師端坐宴如也。一日賊大致，責以無供饋，遂傳刃焉。師神色自若，大叫一聲而終。即光啟三年丁未四月八日也。」**攖寧按** 巖頭雖與本題無關，然欲知黃龍誨機是何時之人，不能不看此段記載。因爲黃龍年代不可考，但黃龍曾經參過巖頭，必與巖頭同時，間接地可以得到一點線索。所謂光啟三年者，乃唐僖宗年號，即是民國紀元前一千零二五年。於此可以確定黃龍誨機亦是光啟以前的人。呂祖雖是唐朝人，但其生年亦人各異說。或言貞觀丙午生，或言天寶十四年生，或言貞元十三年生，或言貞元十四年生。今從呂祖年譜斷爲貞元十四年生，即是民國紀元前一一一三年，亦即是光啟三年前八十八年。

指月錄第二十八卷云：「太史山谷居士黃庭堅，中略既依晦堂，乞指捷徑處。堂曰：『只如仲尼道，二三子以我爲隱乎？吾無隱乎爾者。太史居常如何理論？』公擬對。堂曰：『不是不是。』公迷悶不已。一日侍堂山行次。時巖桂盛開，堂曰：『聞木樨花香麽？』公曰：『聞。』堂曰：『吾無隱乎爾。』公釋然，即拜之曰：『和尚得恁麽老婆心切？』堂笑曰：『只要公到家耳。』久之，謁死心新禪師，隨眾入室。心見，張目問曰：『新長老死，學士死，燒作兩堆灰，向甚麽處相見？』公無語。心約出曰：『晦堂處參得的使未著在。』後左官黔南，道力愈勝，於無思念中，頓明死心所問，報以書曰：『謫官在黔南道中，晝臥覺來，忽而尋思，被天下老和尚瞞了多少。惟有死心道人不肯，乃是第一相爲也。』」**攖寧按** 此段公案與呂祖、黃龍皆無干涉。此名晦堂，彼名誨機；此是宋朝人，彼是唐朝人。仙佛合宗認爲晦堂即是黃龍誨機，恐不免有誤。

載民國二十五年（一九三六年）三月一日揚善半月刊第三卷第十七期（總第六十五期）

呂祖參黃龍事疑問

陳攖寧

余所搜集呂祖參黃龍這件公案的材料，雖不能說完全，大概可以十得八九。若再有出此範圍之外者，都是些齊東野語，可以不論。

余等生於千載之下，而欲判斷千載以上之事，本極困難。況且又是方外的事，歷代以來士大夫都不屑注意。縱有所聞，亦一笑置之，誰肯浪費筆墨，加以考證？故爾人異其說，說異其辭。佛教徒則烘雲託月，推波助瀾，惟恐呂祖不做和尚，惟恐呂祖不跪倒在黃龍面前。道教徒則咬定牙關，一概否認，說是佛教徒僞造出來的，惟恐呂祖名譽弄壞了，惟恐道教被佛教壓倒了。另外更有一種在家人，非僧非道，亦仙亦佛，調和三教之流，他們雖承認有這麽一回事，却又不承認呂祖是輸。他們說呂祖慈悲，爲度衆生故，所以示現如此。亦等於維摩居士，本來無病，爲度衆生故，示現有病；文殊菩薩，久已成佛，爲度衆生故，示現在佛座下求法。並非呂祖真有錯誤，後學不可執著跡相，致礙圓通。

總括起來，全國中人，對於呂祖參黃龍公案，有三種派別。

第一種，肯定派。認爲這件事是鐵案，絲毫不可移動，如佛教徒是。

第二種，反對派。認爲這件事是佛教徒僞造的，後來以耳爲目，弄假成真，全不足信，如道教徒是。

第三種，調和派。認爲這件事雖不能說子虛烏有，但是呂祖故意示現如此，不可誤會呂祖真不悟性，不可誤會呂祖真被黃龍所折服，或又謂呂祖經過一番悔悟，因此證了佛果，如在家居士們、乩壇弟們皆是。

以上三派，都被他們佔盡了，現在叫我歸入哪一派呢？若入肯定派，是爲盲從；若入反對派，是爲武斷；若入調和派，是爲騎牆。盲從與武斷，固然不是學者的態度，而騎牆派之模棱兩可，亦失却研究家的精神。我只得自成一派。其派如何？即懷疑派是也。所謂懷疑者，因爲這件事有許多可疑之點，難以令人相信，若仔細推敲，便要露出馬脚。今試舉種種疑問如下。

第一問 指月錄云：「飛劍脅之，劍不能入。」請問呂祖用的是什麼劍？桃木劍？鐵寶劍？還是一條白光劍呢？

第二問 劍如何能飛？用手中之力拋出去呢？用丹田之氣吹出去呢？還是口中念念有詞祭出去呢？

第三問 劍何故不能入？黃龍有金鐘罩、鐵布衫工夫麼？身上穿了盔甲麼？他的劍術勝過呂祖麽？ 或是像現代紅槍會、大刀會之類，槍子打不入麽？

第四問 黄龍之師巖頭和尚，遇到亂賊，不肯逃避，被賊殺死，大叫一聲而終。 雖然他有視死如歸的定力，到底没有刀槍不入的工夫，何故黄龍忽然有這樣大本領？

第五問 普通人在世俗上辯論是非，遇到意見不合時，結果只有拂袖而去。 若無切膚利害，決不至於動武。 呂祖是個得道的人，自然比普通人更加心平氣和，豈可因一言不合，就要飛劍傷人？ 幸而劍不能入，未曾撞禍。 假使當日劍入黄龍之身，後事何堪設想？ 請問呂祖何以蠻不講理如此？

第六問 呂祖參黄龍詩，一共不過四句。 歷代相傳，已經有許多不同的式樣。 即如第二句，指月錄作「如今不戀汞中金」，呂祖全書作「大丹非獨水中金」； 又如末句，指月錄作「始覺從前錯用心」，呂祖年譜、呂祖全書、神仙鑑皆作「囑咐凡流着意尋」，呂帝聖蹟紀要作「消盡平生種種心」。 請問哪一句是真？ 哪一句是假？ 或是全真？ 或是全假？

第七問 「一粒粟中藏世界，半升鐺内煮山川」，此意比較「於一毛端，現寶王刹，坐微塵裏，轉大法輪」之意，是異是同？ 若説是異，異在何處？ 若説是同，爲什麽出在呂祖口裏就是守屍鬼？ 出在釋氏口裏就是佛菩薩？

第八問 指月錄所載呂祖參黄龍詩末句云：「始覺從前錯用心。」請問錯在何處？

是否從前學長生術就算大大錯誤？呂祖當日既然痛悔前非，何不就把斬黃龍的那口劍回過來，斬了自己，以表示從今而後不再做守屍鬼，倒也乾淨。何故仍舊要活在世上，仍舊著書立說，將這些長生法術一代一代流傳到現在？自己已經誤了，又要貽誤後人，未卜呂祖是何心理？

第九問 若依據呂祖年譜及呂祖全書所載，似乎飛劍之說不是實有其事，乃是答機鋒的。既然講到機鋒，當然不能離開口舌言語，爲何黃龍又說「此固不可以口舌爭也」這句話？請問答機鋒不用口舌用什麼？是否要學那不開口的機鋒，如眼睛翻上翻下，脚步三進三退，畫個圓圈，豎個指頭，拍兩拍，扭幾扭，種種揑怪？這些纔算是機鋒麼？

第十問 呂祖年譜引仙佛同源，謂「黃龍誨機者，乃商山四皓夏黃公所化」云云。這些神秘奇怪之歷史，向來没有見過記載。請問做仙佛同源的人，從何處得到這個消息？是否能免杜撰之嫌？

第十一問 呂祖年譜引草堂自記云云。呂祖是唐朝人，草堂自記到清朝纔出現於世，請問此書是否呂祖親筆所作？若說真是呂祖自己做的，請問呂祖肉體是否尚在人間？若說是呂祖陽神所作，請問呂祖何故不肯把陽神消滅，偏要保留一千多年？是什麼意思？豈非由守「屍」鬼一變而爲守「神」鬼麼？豈非仍舊不能免貪戀長生之罪過麼？

第十二問　俗傳呂洞賓三戲白牡丹，是否可信？冬夜箋記說，此乃宋人顏洞賓事，誤加於呂祖身上。然則飛劍斬黃龍故事，是否亦爲宋人顏洞賓事？宋朝亦有黃龍。這兩件事，久已被小說家寫作傳奇，弄得全國皆知。說假都是假，說真都是真。你們若說戲牡丹故事是誤，則斬黃龍故事安知不誤？請問呂洞賓與顏洞賓是一是二？

第十三問　學仙的人叫作「守屍鬼」。守屍鬼不是好東西，我們已經領教了。請問學佛的人叫作什麼鬼？拋屍鬼、棄屍鬼、爛屍鬼、滅屍鬼、無屍鬼，這些名字能用麼？守屍的是壞鬼，不守屍的是好鬼麼？

第十四問　學仙的人，經八萬劫，終落空亡，我們已經領教了。釋迦牟尼，活到八十歲，就入涅槃。這種現象，是否不落空亡？若說是落，他的程度，比修仙人的差得遠了。一個能經八萬劫，一個不過八十年而已。若說不落，請問拿什麼作證據？設若沒有證據，難道不怕修仙的人反唇相譏麼？

第十五問　指月錄載：「黃龍擊鼓陞堂，呂祖入謁。龍見，厲聲曰：『座旁有竊法者。』」請問「竊法」二字作如何解釋？黃龍當日既然是擊鼓陞堂，必定是公開演講，決不是嚴守秘密。而呂祖既稱入謁，必定是經過號房通報，或是先到客堂，由知客師引導，再至講堂聽講，決不是私自溜進去的。如何輕易把一個「竊」字加於呂祖身上？以竊賊視來賓，未免太不合禮。就算是呂祖没有正式通報姓名，直撞進去，也不能說他是竊。因爲和尚們講經說法，向來是公開的，無論何人，不管認識與不認識，都可以進去聽講。自古及今，已成慣例，爲什麼黄龍獨要改變這個例子？再者，提起「法」字，必須要有方法可以教人，並且這種方法，只有黄龍曉得，普通人皆不曉得，纔配稱得起一個「法」字。請問黄龍所說之法，是什麼法？若說是佛法，其法能出三藏教典範圍之外乎？佛家藏經，既已公開，何故黄龍依經說法偏要守秘密？金剛經云：「若人言如來有所說法，即爲謗佛」；「無法可說，是名說法」；「法尚應捨，何况非法」。照金剛經的意思看來，釋家是以無法立教，不是以有法爭奇。既是無法，如何能竊？可知「竊法」二字簡直不通，若非妄語，便爲戲論。

第十六問

呂祖全書云：「呂祖呈黄龍偈末句，全唐詩作『始悔從前錯用心』。祖師證圓通佛果，蓋本於此。」請問呂祖證佛果有什麼光輝？不證佛果有什麼耻辱？呂祖何必定要證佛果？何必定要把神仙資格取消，鑽到釋門中去？何故情願降低自己身份？何故學世間凡夫一般的見識？

第十七問

呂祖全書云：「遂與指明大道。」請問這個「道」字，是就道家而言呢，還是就釋家而言？若謂就道家而言，無論什麽大道小道，乃自己本分事，呂祖豈有不知，何必要和尚們指明？若謂就釋家而言，普通和尚們都叫做「說法」「傳法」，不叫做「說道」「傳道」。假使和尚能講「道」，豈不變成道士麽？若謂「大道」二字本是借用，以代替「佛法」二字，請問呂祖既修仙學道，又要佛法作什麽？若謂佛法勝過仙道，所以呂祖要改變方針。此等語言，出於和尚口裏，並不奇怪，若出於修仙學道人口裏，真有點頭腦不清，自相矛盾。做呂祖全書的人，也犯了這個毛病。

載民國二十五年（一九三六年）三月一日揚善半月刊第三卷第十七期（總第六十五期）

呂祖參黃龍事平議

陳攖寧

孟子曰：「盡信書則不如無書。」千載以前的事，誰也不能判斷他是真是假。若是假的，徒費唇舌；若是真的，乃等於一幕電影，早已一閃過去，不留痕跡了。我們今日爲這件事，居然大開辯論，呂祖、黃龍有知，豈不笑煞？這都是玄一子惹出來的是非，令我欲罷不能。

現在與將來，是科學實驗時代，空談的哲學與玄學，已經感覺根本動搖，何況再夾雜許多神話，如何能令人心悅誠服？仙佛兩家，立場不同，各人有各人的志願。雖不必捨己從人，亦不必强人就己，更不可貢高我慢，輕視外教。

論到究竟地步，長生就是不死，不死就是不滅，不滅自然不生，不生就是無生，無生自然無死，無死就是不死。不死豈非長生麽？黃龍執著一邊之見，不識究竟之理，於無分別中强爲分別，隨意亂下批評，謬說流傳，至於今日。普通佛教徒，見解更不及黃龍，偏喜拾取黃龍之餘唾，動輒以「守屍鬼」「落空亡」等語，摇動學仙者之志願。一般學仙的人，脚跟欠穩，常常被他們引誘到釋氏門中去了。一入釋門，任你翻十萬八千里筋斗，也跳不出他們的圈套。此等人，仙家視爲可憐憫者。

在我眼光中看來，黃龍並不見得怎樣高明，那幾句機鋒，也是老生常談，無甚妙義。呂祖當日何以如此欽折，不能令人無疑。

或問：「陳攖寧若處呂祖地位將如何？」答曰：「抱定宗旨，永不改變。慢說什麼黃龍，即使釋迦牟尼復生，也不能令我屈服。若沒有這種毅力，在今日佛教風靡全國的時候，尚敢於開口提倡神仙學說麼？」

或問：「陳攖寧的程度，超過呂祖麼？」答曰：「不敢。呂祖智慧勝常，故能言下頓悟；我是個愚笨人，永遠沒有悔悟的日子。呂祖敬禮黃龍，是呂祖工夫深，有涵養。我器量太小，不能學呂祖那樣謙虛。『無明』這個東西，在我是永遠要保存，絲毫不許破的。別人家要想破我的無明，請他們先破一破自己罷。我不願講三教一貫，更不願講仙佛同源。當年印度釋迦牟尼，他就不懂中國神仙家的法門，何況後世佛教徒？呂祖參黃龍事，設若是假，固不足論，就算是真，亦只可說偶然遊戲而已，何必大驚小怪？」

結論：這件公案，是真是假，殊無研究之價值。勸諸君留點有用精神，做實修實證事業，將來到了相當程度，自然就能徹底明白。犯不着因爲這些類似小說家的古典，爭論是非。敢盡我最後的忠告。

載民國二十五年（一九三六年）三月一日揚善半月刊第三卷第十七期（總第六十五期）

三車秘旨按語

陳攖寧

一

此書世無刻本，乃福建毛君復初家藏鈔本，由福建連城縣鄧雨蒼先生親攜至滬，囑寧代爲校對，預備付翼化堂出版流通。蓋鄧君志在弘道，非營業性質，寧故選出數篇，登於本刊，俾好道諸君先覩爲快。料亦鄧君所默許也。

王重陽開北派，張紫陽開南派，陸潛虛算是東派，李涵虛算是西派。此數篇乃西派之學說，自然與前三派略有不同，學者須分別觀之。凡遇其中有難解之處，存而勿論可也。

載民國二十五年（一九三六年）十二月十六日揚善半月刊第四卷第十二期（總第八十四期）

二

參同、悟真一類的丹經，所以要用許多隱語譬喻者，因爲他有不能明說之苦衷。倘若明明白白地說出來，一般俗人不懂男女身中逆行造化之玄妙，聽了此種修鍊方法，必定大驚小怪，並非作書者故意愚弄後學。若果在自己一身精氣神上做工夫，儘可老老實實地說「精」「氣」「神」三個字名詞，已足以代表一切，犯不着再扭扭捏捏遮遮掩掩，把參同、悟真上面所用的術語，拉扯到清淨工夫上去，以免貽誤後學。然而像這一類的道書實在很多，本篇也是其中之一。常常弄得讀書的人糊糊塗塗，竟不知他們說些什麽。余今日不得不將革命的手段拿出來用在整理道書的工作上，此後就是古今道書著作劃分界限之時。是亦宇宙氣運所關，半由人力，半因天數。知我罪我，聽諸當代與後世而已。

載民國二十六年（一九三七年）一月一日揚善半月刊第四卷第十三期（總第八十五期）

論性命雙修

黃元吉　著　陳攖寧　選錄

選錄黃元吉先生雜著，不在樂育堂語錄之內者。

吾道言性命雙修，雖分性命爲二，其實則一而已。性是命之根，命是性之蒂，無命則性無依，無性則命無主，二者是二而一也。人能明得性命之源，則一切情僞之私，知覺之運，皆是命中之障，於以修其後天氣息之命，而還乎先天元炁之命，不墮於實有，亦不墮於虛無，而於真仙之道得矣。中略。

易曰：「天地絪緼，萬物化醇；男女媾精，萬物化生。」人受天地之靈氣以成性，受父母之精炁以立命。由是一開一闔，一屈一伸，十月胎圓，生身下地，獨闢乾坤之界，而有陰陽之分，其實與天地父母仍然一般無二。

夫天地之氣，必絪緼於其中，而後生人生物於無窮。若但云升上降下而已，則是天地之氣雖交，而仍分而爲二也。人身之炁，亦必絪緼於其中，而後生男育女於不息。若只云呼出吸入而已，則是人身之炁雖交，而仍不能合而爲一也。此亦何由成萬古不壞之身哉！

學者必由呼吸之息，以復夫太和之元炁。其道維何？無搖爾精，無勞爾形，無俾爾思慮營營，乃可以長生。心不動，名曰鍊精；身不動，名曰鍊氣；念不動，名曰鍊神。若猶未也，必先寡慾以養精，寡言以養氣，少思以養神。迨至還精補腦，則精自不洩矣；心息相依，忘言守中，則氣自不散矣；形神俱妙，與道合真，則神自不擾矣。若非由後天之精氣神，以默會乎先天之元炁，未有不墮於一偏之學者。

古云：「後天呼吸起微風，引起真人造化功。」旨哉言乎！又云：「萬籟風初起，千山月乍圓；急須行政令，便可運周天。」學人用守中之工夫，以調養乎丹田，久之精生藥產，神完氣足，由此而行八百抽添之數，三百六十之爻，進陽火，退陰符，於中用卯酉沐浴之法，則丹鉛現象，有六種效驗。然後行五龍捧聖、七日過關之功，庶可還玉液之丹，而成不死之身矣。再用鍊虛一著，必至如如不動，惺惺長明，渾無半點作爲之迹，而究無一事之不能作爲。到此境也，方算得大丈夫功成道立之候。古云：「這回大死今方活。」又云：「若要人不死，除非死過人。」由此思之，無非凡心死而道心生，凡機息而真機現也。

吾觀世之學道者，多有鍊色身不鍊法身，縱得長生，亦是偶然之事。又有鍊法身不講色身，詎知父母未生以前，此氣在於空中，杳無形色可擬；及夫既生以後，此炁在於身中，實有端倪可據。而况既得人身，則渾然元氣，陷於氣質之中。苟不先保凡身，則先天元炁從何而見？此二者皆未窺全體大用之學矣。

或曰：「世有清淨而修者，鍊性不鍊命，及其成功，則性復先天，而命亦歸夫太極。彼獨修命者，恐不能有此神效也。」雖然，亦視乎各人體質爲何如耳。如色身毫無虧損，精氣神三者俱足，此又何待於命功爲哉？若是色身不健，體質多虧，不先從命功下手，縱能造到極處，亦是一點陰炁，無有陽光。故古有修性不修命者，雖能調神出殼，遊行四表，究屬陰神而已。後之學者，其必由粗及精，自有返無，庶不致孤修寂鍊之誚也。

寧按 余常聞前輩言，當年黃元吉先生講道之文章，大半是其門弟子所筆錄，故辭句之間，不免有疵累。本篇偶有一二處未能圓融，余已酌爲删改，然其本意固絲毫未失，閱者諒之。

載民國二十六年（一九三七年）一月一日揚善半月刊第四卷第十三期（總第八十五期）

仙佛同修說

李涵虛　著　陳攖寧　按

性命雙修，此本成仙作佛爲聖之大旨。或謂佛修性，仙修命，儒治世，分門別户，蓋不深究其宗旨也。

寧按　此公又是一位調和派，開口就把仙、佛與聖人做起親家來。可惜此公不是儒教中人，又不是佛教中人，乃仙道西派之開山祖師長乙山人紫霞洞主李涵虛是也。南派之張紫陽，北派之王重陽，都是三教調和派，他們從來没有輕視儒、佛兩教之態度。東派之陸長庚，仍舊秉承此種意旨，雖志在學仙，而亦同情於佛，並有楞伽、楞嚴二註。其他如仙佛同源、仙佛合宗、性命圭旨、慧命經等書，引證佛典，也許有牽强附會之處，然其對於佛教之尊敬，實未嘗減輕。但佛教徒却不屑於領他們的盛情，依然斥他們爲外道。無論他們如何附會，佛教徒一概餉之以閉門羹。歷代以來皆如此，非自今日始。

佛重性，而其中實有教外別傳，非不有命也，特秘言耳。其重性功者，蓋欲人從性立命，能使性量恢宏，照十方而無邊無際也。

寧按　佛家之教外別傳，是指禪宗而言，不是指命功而言。禪宗一法不立，那裏有什麼命功？你若同禪宗中人講命功，須防吃三十大棒。

仙重命，而其中亦有教內真傳，非不言性也，特約言耳。其重命學者，蓋欲人即命了性，能使命根永固，歷萬劫而無盡無窮也。

若使性功圓滿，外無立命之修，則真性難存，終屬空寂，又何能法周沙界乎？

寧按　佛教本旨，原要趨向空寂，所以佛之別號曰「空王」，佛教又名爲「空門」。佛之結果叫作「涅槃」，涅槃之義，就是寂滅。所以和尚們死了，也叫作「圓寂」。「空」「寂」二字，乃佛教究竟之義，若離開空寂，就不成其爲佛教。作者既不滿於釋氏之空寂，難道要請一般和尚們都來學鍊丹的工夫嗎？和尚果真要鍊丹，豈不先要皈依太上老君做弟子嗎？

若使命功周到，內無盡性之修，則真命難守，徒保色身，又何能神通三界乎？

寧按　「性」「命」二字，雖是兩個名字，却不是兩件東西，乃一物二名耳。「命」字代表此物之體，「性」字代表此物之用。如果命功真能到了極處，是其本體已經修鍊圓滿，自然可以由全體中發出大用，自然可以具足無邊無際不可思議的神通。若命功不能到這樣程度，僅能却病延年，在世界上多活一二百歲，此種命功，實不配稱爲命功。

惟佛有教外別傳，則從性立命，極樂之地，益見空明；惟仙有教内真傳，則盡性了命，而大羅之天，益見超脱。是仙也、佛也、聖也，此雙修而非單修者也。

寧按　以上所言，皆是仙佛對舉，不見有聖。

故釋迦到禪定時，而有貫頂穿膝之效；迦葉談真實義，而有倒却刹竿之奇。試思於意云何？

寧按　在作者之意，以爲貫頂、穿膝、倒却刹竿這些名目，都是佛教中的命功。而一般佛教徒，完全不肯承認，以爲盡是邪見魔說。譬如下級僚屬，逢迎上級長官，很想送一份貴重禮物，以爲進身之階，又怕長官不肯賞光，只得投其所好，窺探長官家中日用必需之品，將其名目記下，逐件購買齊全，把自己真名字寫好貼上，送到長官家裏去，以爲這一次總可巴結上了。誰知仍舊被他們大罵一頓，揮之門外，垂頭喪氣而返。事後打聽，方知所送的這許多禮物，雖然是長官們所喜歡的，但千萬不該把自己名字貼上去，遂至弄巧反成拙。學仙的人，借用佛教的名詞，說是命功，常被佛教徒所訶斥，真可謂自尋煩惱。

呂祖云：「單修性兮不修命，此是修行第一病。」紫陽云：「饒君了悟真如性，不免拋身却入身；何似更兼修大藥，頓超無漏作真人。」略舉一隅，可以類推也。

至於行深般若，五蘊皆空，丹熟大還，十年面壁，六十耳順，七十從心，夫而後性命雙了，同登空超之境，而仙佛聖皆成也。故達磨初祖了心歌云：「三家法一般，莫作兩樣看；性命要雙修，乾坤不朽爛。」人又何必是非哉？

寧按 達磨居然也要調和三教，真是怪事。

且更有說者，三教嗣續，皆不能知此，知此必不互相詆毀，只須各盡其道，以歸於道也。今設一大道主人於此爲三教說法曰：夫三教者，吾道之三柱，分而爲三，合而爲一者也。道不能分無變化，道不能合無統宗，是故以三柱立其極。釋道言性默言命，仙道傳命默傳性，儒道則以擔荷世法爲切。言性難聞，言命又罕，並性命而默修之，遂使三家後裔，各就祖派，分爲專門，掀天震地，講起是非，開出無邊境界。佛攻道，則有翻空出奇之妙想；道攻佛，則有踏實指陳的神思；儒攻佛與道，則有波瀾不窮的文章。而豈知皆道之分也。道既分三，其中豈無支流之不同、邪正之不類者？奈何不思其本而談其末也。

夫以性兼命爲一脈，以命兼性爲一脈，渾乎性命爲一脈，此三脈皆道脈也。及其還，無一也。偈曰：「吹了明燈玩耍子，誰知打着自家人；吾言若有相攻者，又是飛花點汝身。」

寧按　自來儒教徒常罵二氏曰「異端」，是佛、老全非，釋、道並斥也。佛教徒常罵仙家曰「外道」、曰「邪執」，而不及儒。蓋畏儒教勢力之盛不敢攖其鋒，見仙教人才之衰，遂肆其狂吠也。仙學書籍，開口就是三教一貫，總未肯獨樹一幟，並喜援引儒、釋兩教書中義理與名詞以自重，惹人厭惡鄙棄而不知悔，究竟是何居心耶！

載民國二十六年（一九三七年）二月十六日揚善半月刊第四卷第十六期（總第八十八期）

清淨獨修諸家工法評論——金丹贅言

陳攖寧　評註

按　作者姓名不知。

欲下靜功，須備靜室，堅固門户，屏除雜念，備辦布帳，温厚坐褥，毋使風寒侵襲，務令身體舒暢。

攖寧按　凡天氣、地點、人事、飲食等等，皆與做工夫利害上有密切之關係，不僅靜室一端而已。

必須閉目靜坐片時，俟氣稍平，心思寧謐，又須將大道層次，逐節火候，一一考究，件件明晰，方可下手。

攖寧按　真實做工夫的人，果能把層次火候件件明晰，自然比不明晰者要便宜多了，但是仍有困難。因爲各人身中所做出的現象往往有出乎丹經範圍之外者，必須常與經驗豐富、學識充足之師友同居一處，互相研究，始能去其偏駁而歸於純正之途。這是實修實證、有作有爲的大事業，不比講心性、談哲理，可以任憑自己的意思發揮。

凡大道有一層秘訣，必有一層危險。遍訪名師，詳細諮詢，務使胸中了然，不令稍有疑惑。否則遇有危險，不知隄防，以致鼎爐走失，極爲修士大害。

攖寧按　最上等法門，雖然也有口訣，但其中危險程度，比較減輕。做得好，就沒有危險；做得不好，偶爾出幾次危險，亦不十分要緊。中下等法門，口訣愈麻煩，危險性愈增重。

少年丹走，尚有可待，年老陽衰，一經丹走，再起爐灶，未免艱難。與其事後追悔，何如當場詢明。此修士切要之關鍵也。

攖寧按　走丹就是遺精。遺精之病，在普通男子生理上是極平常的現象，何以修鍊家每逢走丹，就大驚小怪，認爲不幸之事？這也有個原故。因爲不做工夫的人，周身精氣神是散漫的，不是團聚在一處，雖然偶有漏洩，尚無關重要；做工夫的人，常喜迴光返照下丹田，日積月累，將全身精氣神團聚在下丹田一小塊地方，保守不得其法，遂至沖關而出，不但前功盡棄，而且身體大受損傷。譬如人家所有的金銀財寶，不肯放置各處，偏要謹慎收藏在一個鐵箱之內。強盜入門，拿出手槍，逼迫主人，把鐵箱打開，搜括乾淨，立刻就變作貧窮之人了。若當日將貴重之物四散放置，不聚於一處，縱令喪失一部分，但其他部分尚可以保存。可惜主人見不及此。世上凡做金仙證論及慧命經工夫的，大半犯了這樣毛病。

起手工夫

修道之士，入室靜坐，垂簾塞兑，迴光返照，以鼻微微吸氣一口，下不冲腎，上不冲心，上下往來，舒舒徐徐；以心火下注丹田，用一意存於丹田，一意存於心上。此第一着起手之秘法也。如或鴻鵠賊心，意爲牽引，則一陽不旺，五氣不能朝元。此則起手之小有危險也。

攖寧按 一意存於丹田，一意存於心上，是一意分存於二處矣。以多數做工夫人之經驗看來，凡用意專注一處者，較易爲功；神意分散者，則難於見效。此種工夫，不能稱爲秘法。

次則加調息之功。其法：在真如心內，分一意下注丹田，分一意上存心中。俟口鼻引有後天之氣來，由意接引，下注丹田，不可冲腎，隨順其勢，升送至心，不可冲心。以迴光之兩目，上下循行，往來接引，微微鼓送，緜緜若存。後天之氣雖出口鼻，而意盤居氣中，似在心下腎上八寸四分之中，若未出口鼻也。

攖寧按　後天氣呼吸之機關，全在肺部，與心腎本不相干涉。

息既調勻，陽氣自旺，雖年老人，於虛極靜篤之候，其活子時亦必來之多多矣。此調息興陽之秘法也。

攖寧按　此等調息法，亦甚屬普通，不足稱爲秘法。

倘或以口鼻之後天氣直運至丹田，勢必勉强制伏，力爲默運，則必成疾。或氣墜腎囊，腫其腎子；或冷氣下注，風傷丹田，小腹疾痛。此調息不得法之危險也。

攖寧按　運氣與調息，本是兩事，不可混爲一談。此條算是運氣不得其法之危險，若調息則無所謂危險也。

遇有俗事酬應，心如明鏡高懸，物來則照，物去則無，心地常靜，氣息常平，莫爲牽引，莫爲移動。後隨以雙目下注丹田，提起精神，掃除雜念，如法調息。每夜如調至七百息，斯爲得矣。如或迷睡，一俟醒來，乃接數天機，則陽氣大旺，通身快暢。此酬應後之調息，亦即經云築基之秘法也。

攖寧按 雖說物來則照，物去則無，但實行起來，頗不容易，等於空談。至於白晝人事應酬，夜晚靜坐調息，亦是極普通的一件事，不足稱爲秘法。此書喜用「秘法」並「危險」字樣，聳人聽聞，余不欲附和。

如不知收攝心神，爲物所迷，則神疲氣喪，睡魔來侵，或夢寐不安，以致錯誤活子時，或致偶爾遺洩。此即不知收攝心神、酬應神疲之危險。

攖寧按 專心做工夫之人，總以身閒心靜爲妙。若日間疲於酬應，或困於職務，夜間勉强打坐，竭力撑持，未必有好結果。縱善能收攝心神，不爲外物所迷，亦無濟於事。

調息既久，身體或致無故震動，此係修功好景，不可誤認爲病。或因調息功勤，腹內有聲，經云「黃芽出土，陰氣追散」，此亦係調息功驗。以上二者，皆藥產之機也。

攖寧按　震動雖不可誤認爲病，然自有其限度。若過此限度，竟至搖頭擺尾，手舞足蹈，則出乎常軌矣。腹內有聲，本是好效驗，但不可用呼吸之力，一收一放，故意令其作響。必須神息安靜，自然有聲者，方爲合法。其所以有聲者，乃腹內氣行之效驗。

調藥之道，亦有危險，不可不知。如或識神作怪，憑空想及夫婦房幃之私，頓起淫念，致動相火，亦能興陽。此係邪火妄攻。陽氣雖動，萬不可採，一經採回，將來必成幻丹，非長生之藥，乃速死之事。

攖寧按　此種警告是不錯，望修鍊家注意。所以名爲「幻丹」者，因其來源不清，雖暫時勉强留住，終要走失也。

採藥必認源頭清濁，如偶遇重濁之陽，及淫念興起之陽，即刻提起正念，打起精神，猛加武火，鼓盪薰散，以免將來作怪。此驅邪淫之大法也。邪陽既息，即加意溫養，以免將來危險。

攖寧按　武火鼓盪薰散之法，不甚見效，且有流弊，難以信任。

採藥有時，如有藥來，或陽來，其時或值雜念叢生，不可採取。其念既雜，雖與淫念有間，其實體質重濁，採而鍊之，亦只能成地仙。地仙者，因所採之藥質本重濁，則所修之仙不能離地故也，其與虛極靜篤之氣採而成天仙者，大相懸殊也。

攖寧按 雜念叢生之時，本來談不到「工夫」二字，此時如覺身中陽生，只有聽其自然，不可妄行採鍊。能漸漸將念頭收住最好，否則下座散步，或將身睡倒，讓過這一刻，俟雜念稀少之時再做，亦無妨。嘗細察雜念多因環境惡劣或俗務紛擾而來，若不將環境改善，俗務減輕，徒欲袪除雜念，實未見其能順利也。

調息既久，於虛極靜篤之時，一陽發生，氣奔陽關，即施以口授天機之法，如法採回，加意招攝，不可睡迷。

採藥有地，從陰蹻內採回，逆入丹田。若不從陰蹻，則藥不能回，徒勞無益。又不使散漫無着，如水之溝渠，旁設埂壩，以息爲之，庶不致泛溢無歸。修士不可不知也。

藥產景象

藥產有景，不可不知。如周身温和，精神爽快，一陣一陣温煖，四肢似乎沉重，周身筋骨自動，即須將事務概行打掃乾淨，閉户入帳，寬衣獨坐，冥心默照，一塵不染，虛以應之，靜以待之。萬不可起念，亦不可起火。將見周身煖氣冲和，如沐浴之方起，手足似微麻木，骨節周身摇動，心內先天之氣如同解冰，腦後骨動，鼻內毛動，口內津湧，腎管毛動。雖有各樣景象，萬不可見景移情，並不可妄起雜念，亦不發大明覺，恐其神隨情轉，心向外馳。惟有意守規中，心地寂然，將見一陣一陣煖氣聚會，帶脈亦覺摇動，盡行聚於丹田之內，寂然不動。片時後，可將微意微微鼓動一二意，又靜以俟之。靜候既久，其氣旺相，其藥直奔陽關，此年老之人藥來遲滯也。蓋年老陽衰，神疲氣弱，故藥來性緩。若少年人，其氣温養聚會在丹田，不過片刻即奔陽關矣。

或是先天之氣先微而後旺，周身骨脈先稍動而後大動，百脈齊集於丹田一二時候，其氣亦不奔陽關，即雲收雨散。此其故，係氣至而神未全，仍靜以待之。或是候久，或稍睡片時，而陽氣復興起矣。

攖寧按 以上論藥產景象，大概如此，但亦不可過於拘泥。須知各人身中氣候各有不同，未能一律看待，全在心領神會而已。

採藥法則

藥來時，自知內裏清淨，的係真藥。但不可發大明覺，否則藥氣即散，不能聚會。此真藥來時之危險，不可不知。

攖寧按　「不可發大明覺」這句話是對的，學者須要注意。

藥到陽關，用口授秘訣，徐徐採之，整頓精神，猛加招攝，以武火採取。一俟陽痿，是藥已採回，歸爐封固。工夫已完，稍停片刻，又用武火如法攻激數十息，俟丹田內精已鎔化，然後停止武火，留神默照，用文火溫養。此臨時採藥之法也。

藥物初至，其質尚嫩，不可採取。易云：「初九，潛龍勿用。」如或太盛之後，則藥物已老，其元氣已耗，亦不可採。採之，將來力微難於沖關，亦難於凝結。太過、不及，均歸無用。必俟氣奔陽關，陽物甫堅之候，即刻加意如法採取，不老不嫩，無過不及。此即白日羽翰之妙藥也。

如藥來採取失候，歸爐封固失候，又或缺少攻激，藥不能鎔化，自不能存留，又將由熟路奔走矣。此係採藥缺少火候之大危險也。

攖寧按　所謂「缺少攻激，藥不能鎔化」，此二句未免過於着相。假使所採得者是無形之氣，則毋須攻激，毋須鎔化，只求其凝結可矣。若所採者是有形之精，任用如何方法，亦不能使之化氣。暫時雖可以封固不漏，再過幾日之後，仍舊要漏。若勉强留住，此物將在裏面作怪，攪擾得身心不安，無可奈何，只好放他出去，結果是一場空歡喜。所以凡事總要有豐富的經驗，書雖不可不看，亦不可完全信賴。

連載民國二十六年（一九三七年）五月十六日、六月一日、七月一日、八月一日揚善半月刊第四卷第二十二、二十三期，第五卷第一、三期（總第九十四、九十五、九十七、九十九期）

三元一貫丹法英文演講錄直譯

陳攖寧 譯

道教乃中國古代之哲學，發源在中國歷史以前。至於由國家正式承認其爲宗教，則始自元朝，距今已六百年矣。「道」字意即道路，或稱爲宇宙本體。據云由道生先天炁，由先天炁生陰陽，由陰陽生天地萬物，如固體、液體、氣體等，皆從此而出。道教中有顯宗，有密宗，今晚余所演講者，即密宗是也。在開始廣泛叙說之前，第一步余當申明何者爲道教密宗主要之目的。此種目的，即是使學道者之肉體與靈性和宇宙本體之道合而爲一。諸君聞之，將詫異如何能使肉體與靈性和宇宙本體之道合而爲一。此種解釋，在余依次叙說中，諸君漸漸可以明白。論及道教與佛教之異同，有一妙喻如下：譬如兩缸新汲泥漿渾濁之河水，欲其澄清，學道者則投少許明礬於缸中，以棍攪之，急速令泥漿沉澱；學佛者則聽缸中濁水自己澄清，而不加以外界之助力。故道教示人，欲達目的，當在今生，因此格外勸告學人，必須延長其壽命，以便完成其志願。

道教之密宗有三層工夫：曰「人元」，曰「地元」，曰「天元」。

人元工夫大概有關於身心性命。命即是呼吸之息，性即是靈覺之神。修鍊此種工夫，開始要靜坐，使脊骨正直，然後再調勻呼吸之息，同時須停止雜念而入於虛無。於是呼吸漸漸輕緩，最後且至於停止呼吸，在一定期間可以達到某種狀態。空中有靈質名曰「先天炁」者，其微細更甚於電子，凡宇宙萬類皆由此而生。所以名爲「先天」者，因天地亦由此氣而成形也。修道者若能常常收攝先天炁，非但能保持不老，並且可以返老還童。達到某一時期，其元神亦能變爲實體，而現雙身之我相。此第二我之化身，或顯或隱，皆由己意，又能於幾秒鐘內行數千里之路程，無論何人，皆能見之，並能與之接觸，公認其與某修士本人無異。即使本人之朋友或親屬遇着，亦不能分別誰是凡體誰是化身。彼時此異人之生命可由自己作主，而不受造物所支配矣。

人元功成以後，即預備繼續做一種困苦艱難之事業，如進行所謂地元丹法是。人元丹法工夫，亦分兩派：一曰北派，方法極其簡單；一曰南派，方法甚爲複雜。北派工夫路徑，是專賴學者自己獨身修鍊，約須三十年至五十年之久，方可成功**按**此亦視學者年齡之老少，身體之强弱，不能一概而論；南派則須覓得知音伴侶之合作，僅費六年時間，即可成功**按**此指法財侶地四項條件俱備，而本人又真能遵守奉行者而言，否則亦無成也。及至能出陽神，則人元工夫已可謂圓滿，然後由以下所說二法中任擇一法，而更求進步。

一者即是由地元而上接天元，以完成其最高之造詣，將肉體與靈性和宇宙本體合而爲一。地元、天元兩種工夫所需要之時間，大約十二年足矣。另一法即是當人元工夫完畢之後，漸漸使其肉身化氣，同時鍊神還虛。此種工夫，進步甚慢，大約須經過六百年至八百年之久，方能達到使肉體、靈性與道合一之目的。約在一百年前，有一修道者閔小艮先生，隱居金蓋山。此山乃浙江省湖州名勝之地。當時有幾位前輩老師到山拜訪，彼等皆漢朝人，其朝代距當時已經八百年矣。**按** 閔小艮先生，乃清朝人，生於乾隆二十三年戊寅，卒於道光十六年丙申，住世七十九年。道光十六年即是西曆一千八百三十六年，今歲乃西曆一千九百三十九年，閔先生卒年距今已一百零三年。但前漢尚在西曆紀元以前，後漢末年亦在西歷二百二十年左右，距閔先生卒年已相差一千六百餘年。英文原稿所謂漢朝到閔先生時代約八百年，此數目字恐有錯誤，否則彼等當是宋朝人，而非漢朝人。白馬李道長亦是來賓之一。閔先生偶致疑於肉身化氣之事，李道長即傍閔而立，並與閔偕行於日光之下，使閔覓視李之身影。但閔實不能見李影，僅能見自己之影。李道長復令閔戴李所戴之帽，而李則換戴閔帽。於是閔先生只能看見自己之身影，而不見頭上帽影。再顧視李道長方面，則僅有帽影，而無身影。此事足以表示凡成道之人，非但能將自己肉體化氣，並且衣冠等物一概能使之化氣。**按** 此段故事，據修真辯難前編參證所載，似是沈太虛說自己當年遇李泥丸之事與閔先生聽，而閔則轉述太虛翁之言耳。

刻下吾將述及地元矣。地元之法，即是天元路程之進階，所謂道家點石成金之術是也。其中並包含化學的及冶金的方法。欲習此術，須得一清靜隱僻之所，又須爐鼎藥材皆備，如鉛礦砂、白銀、汞氧化合物、水金、硫磺、砒石等。其主要即是黑鉛，當其鎔化到相當程度之時，鉛中即發出一種吸力，以收攝空中之先天炁，此先天炁又能從鉛中傳到銀，再由銀傳到硃砂水銀上面。如此轉接下去，直到水銀成粉，此粉名曰「死汞」，其效力能將賤金類如鐵銅等在熔化時變爲真銀。再用手術將此死汞粉提鍊，到後來產生另一物質，其名爲「聖丹」。此丹能點化賤金類變爲黃金。再將聖丹製成一種金色透明之粉，而靈丹出矣。此靈丹能點化瓦礫或任何金類使成黃金，並可作仙藥服食之用，延長吾人之壽命。到此時期，地元工夫，可謂完畢。在修鍊此種法門之歷程中，學者須忍受極大之艱苦。即如守丹爐，看火候，晝夜不歇，且須立定某一地點，注視池中變化之景象。經過一年至兩年之久，方能有所成就。**按**外丹爐火工夫，不是自己一個人所能動手，就因爲有這許多困難。

今者吾將論及天元矣。其方法之進行，在動作上固甚簡單，而其需要之條件，則極爲複雜。所特别顧慮者，即是丹臺坐落之位置，是否合於風水，且須建築一所合用之房屋，將各樣器具並陳列之物懸掛或安排於屋内各處，其中最貴重者，即是精密製造之神室。此神室乃用地元點化之黃金所做成。世上普通黃金，不能用以製造神室，因其難得滿意之結果也。神室形狀大小，如一雞卵，分爲兩半，半爲陰而半爲陽，用時合在一處，所需水則取之於器皿，此器名曰「方諸」，即是凹形之大蚌殼。於中秋月夜，從前半夜九點鐘露置於月光之下，至後半夜裏一點鐘止。每一年中僅此一夜可用，且此夜必須晴明。若遇陰暗天氣，則方諸器内不能凝結成水也。**按** 假使方諸無機會得水時，尚有其他變通之法。天元所用之火，則取之於日光，以凸面透光水晶置於神室之上，每當晴天，從上午十一點，到下午一點，由太陽中收聚熱力，連續不斷行之，歷九年至十年而不休息，一種光華燦爛之朱粉，遂無中生有於神室之内，此粉名曰「神丹」，乃天元之成績也。此種神丹，是純粹先天炁凝結成形者，無論何人，服此丹少許，立刻體質改變，肉身化氣。如此則肉體與靈性和宇宙本體合而爲一，學道者最高之造詣已達到矣。**攖寧按** 談及此種法門，世人不能相信者頗多，然彼等實亦別無他法以代替此法，僅知束手待斃而已。

三段法程，俱已經過，此成道者應做各種慈善博愛之事，以救濟貧苦之人類，並宜對於一切生物常存愛護之心，希望在離開物質世界返本還源之前，行三千陰功，積八百德行，如療病救災等事，則其夙世一切因緣可了矣。**按** 三千、八百功德，古仙大概於出陽神以後行之，及至還虛合道之時，其功德早已圓滿。

諸君當注意，先天炁在丹道門中扮演主要角色，余認爲其性質有似瑜珈門中之肯達立尼。

英文原稿作者某君，乃礦學專家，自幼即好道，數十年不倦，並爲上海萬國證道會中之會員。該會外國人甚多，素知某君學道有得，屢次請求其演講中國道術之概要。某君固辭不獲，遂作此篇。聞原稿已由上海證道會寄至歐美各地該分會，且擬登載某外國雜誌。余不欲讓外國人矜爲獨得之奇，而吾同族諸君尚夢夢然也。爰將英文演講稿再譯成華文，送登仙道月報，以餉海内好道之同志。

己卯天中節攖寧子識

連載民國二十八年（一九三九年）七月一日、八月一日仙道月報第七、八期

余之求道經過

隱名氏　作　陳攖寧　按

此篇附在化慾論之後，乃某君所作，民國二十七年冬季出版，非賣品，無版權，乃印成專書以贈人者。余細閱一遍，深惜某君自弱冠時求道至今，年齡已過花甲，四十餘年訪求「玄關一竅」而不可得，愈求愈謬，最後竟誤認旁門愚笨之法以爲大道，並勸人人照做。學者没有經驗，難免不被其所誤，故將其轉載於本報，而加以按語，俾世間有志之士曉然於是非之真相，不至見魚目而詫爲寶珠、得璧玉而棄同頑石，則幸甚。

本篇作者姓名及篇中所列舉他人之姓名，皆一概隱去，因余所辯論者，乃「法」的問題，非「人」的問題，何必宣布姓名？即使原作者觀之，亦當能諒解也。

庚辰重陽後攖寧子識於滬上

余年十九，在寧波訓蒙，忽攖癆瘵，潮熱不退，嗽咳見血，食量大減，終夜失眠，肝火太旺，一聞學生讀書聲，即生煩惱。當時甬東尚無西醫，雖不知爲肺病第幾期，然癆病已成，則無疑也。

一日，偶至道署海關册房訪友，遇×姓幕友，自云蜀人，年五十餘，一見余形容憔悴，即曰：「君已染沉疴，非藥石能愈，與子有緣，贈書一册，按此行之，可不藥而愈。」書名導養忠書，分上下兩卷。上卷言靜坐之法，即閉目塞耳，舌抵上腭，津滿口中，徐徐嚥下，同時收心凝神，調和氣息，使呼吸由粗而細，由細而無。外息既停，內息自生，緜緜不絕，如懷嬰兒。內息者即祖息，亦名元氣，所謂「運氣存神」者，此也。下手工夫，首在一念不動。初坐之時，雜念紛起，一分鐘念頭十數，心不能定，氣不能匀，口苦舌乾，何津能生？越日乃訪×師，告以念頭雜來，不能定心之故。師曰：「初坐之時，何能無念？尋常人坐五分鐘，多者可起三百念。」

愚按 一分鐘有六十秒，五分鐘共計三百秒。此處云「五分鐘可起三百念」，是一秒鐘即起一念，過一秒鐘又換一念，急如閃電，狀若旋輪，按之實際，未必盡然，不免形容太過。

「少者六十念。」

愚按 五分鐘共起六十念，一分鐘平均起十二念，即是五秒鐘換一念。普通人大概如此，但中間亦偶有不起念之時。

「予一分鐘起十數念，尚係慧根。」

愚按　此乃勉勵之辭，其實與普通人沒有分別。

「佛家云：『不怕念起，只怕覺遲。』道家云：『不怕念多，即怕念續。』儒家云：『知止而後有定。』所謂『覺』者、『斷』者、『止』者，即定心之法也。汝當一念起，立刻斬斷，俟另起他念時，再斷之，隨起隨斷，不使連續，久而久之，自能由多而少，由少而無。念無則息無，内息自生，此爲靜功之初步。持之有恒，自能見效。」

愚按　以上所言，甚合於理，學者可以照做。

得師指示，乃用此法調息存神。初時隨念隨斷，隨斷隨起；半月後，念遂減少，一分鐘不過一二念；久之，一分鐘可一念不起。初坐半小時，一月後可坐一小時。有一天坐久，一念不動，身心兩忘，如癡如醉，不知調息，不知嚥津，忽然大放光明，通體舒暢，其樂不可言喻。乃告×師。師曰：「此陰陽調和、心腎交媾也。身外夫妻交媾之樂，只快一時，事後精神疲倦；身内夫妻交媾之樂，可以長生，事後精神飽滿。故身外夫妻不能夜夜交媾，而身內夫妻可以時時交媾。」

愚按 其師明言「身內夫妻交媾，可以長生」，而某君不悟，以爲這是性功不是命功，到後來仍要苦苦追求什麼竅，大錯大錯！ 工夫得效之遲早，於學者年齡頗有關係。此君不過二十歲左右，所以容易見效驗。五六十歲以外者，則不能一概而論。身外夫妻交媾，其發動有合於天機者，有出於人欲者。此云「事後精神疲倦」，指出於人欲者而言。若夫妻交媾，合於天機者，事後非但不感覺疲倦，而且精神更加健旺。但世人都不明白天機與人欲之區別何在，往往任意爲之，因此苦多樂少耳。

余時未娶，不知男女性交之樂，以爲心腎交媾之樂當更勝之。從此教讀完畢即靜坐，貪此樂趣。向來討厭兒童讀書聲，現則聽而不聞。有時夜間亦以坐代睡，坐至極妙處，戀戀不捨，覺遍體微汗，舌本生甘，津液滿口。始悟尋常睡眠安適，次早舌潤而甘；不安適，則次早舌燥而苦。此即心腎交與不交之别也。以後有事一夜不眠，只要靜坐一小時，與睡足四小時無異。如此用功半年，疾病早已全愈，身體精神反强於前。

上卷書中所載之功，均已完畢，急讀下卷。上卷但言調息存神，係性功事，其效不過却病延年；下卷乃言鍊精化炁、鍊炁化神、鍊神還虛之法，係性命雙修，可以長生不死。

愚按　做調息存神之工夫，得却病延年之效果，已經是性命雙修了，此處認爲偏屬性功，乃錯誤之見。如佛家所謂參公案、看話頭、止觀、念佛、持咒等法，方是偏屬性功一面的事。

凡人莫不有貪心。余既初步見效，豈有不思再進一步？書中所載三步九節之功，均詳悉無遺，惟入門方法「玄關一竅」，但云非文字所傳，必得明師指點。且云一得此竅，則精化爲炁，可以不死；不得此竅，盲修瞎鍊，終歸無益。上卷雖言運氣調息之法，只能小周天，不能大周天。小周天者，呼吸由鼻而喉，由喉而腹，至於足底；大周天者，呼吸由鼻而喉，而臍下，轉尾閭，循脊骨，而上達於腦，再由腦而至鼻，始謂一周天。

愚按　小周天、大周天之名目，不見於古道書中，後世道書雖有此種名目，而意思各別。有以坎離交爲小周天，乾坤交爲大周天者。有以採小藥，運河車，後升前降爲小周天；採大藥，冲開後三關，直達泥丸，再降落中丹田爲大周天者。而此處所謂小周天呼吸，由鼻而喉，由喉而腹，至於足底；大周天呼吸，由鼻而喉，而臍下，轉尾閭，循脊骨而上達於腦，再由腦而至鼻。此種說法，非但不合前人書中之意思，而且貽誤於後學。

蓋前人書中所論大小周天，意思雖有不同，然皆指身内之氣而言，不是指鼻孔中呼吸之空氣。莊子書上說：「眾人之息以喉，真人之息以踵。」分明說普通人鼻孔呼吸，乃用肺管爲發動之機關；有道之士内真息，乃用脚後跟陰蹻脈爲發動之機關。「以」字當作「用」字解，「踵」即脚後跟也。眾人後天氣之呼吸用喉，真人先天炁之運行用踵。後天氣之呼吸，由鼻入喉，到肺而止，斷斷乎不能至於足底，更不能轉尾閭循脊骨而上達於腦；先天真炁雖可以至足底，又可以冲開後三關而上達於頭頂，然於兩鼻孔毫無關係。二者界限甚爲分明。此處將凡息與真息、後天與先天，混作一條道路，與實際不相符合。

蓋不得竅，尾閭一關，即不能通，更何論三關哉？余知不得竅無法修鍊，乃謁×師，叩求指示玄關所在。師曰：「玄關一竅，乃洩造化之機，握生死之權，歷代修道者，有訪師數十年而未得者。有雖得明師，隨從數十年，而未得真竅者。此蓋半由福命，半由功德，所謂非人不傳也。」

愚按　雖說半由福命，半由功德，而學者之智慧更爲重要。某君由調息凝神入手，初步工夫，即踏上正路，故有以前所說種種效驗。果能抱定此法，一直做去，自然更有進步。乃以智慧缺乏之故，認識不真，誤信以前種種效驗都是性功，必須另求命功，方能算是性命雙修，遂致騎驢覓驢，愈覓愈不可得，終身爲「竅」之一字所迷，而難以自拔矣。

余痛哭跪求，哀請指示。師笑曰：「吾年二十即訪師，迄今已三十餘年，尚未遇明師，何能知此竅？蓋自來皆師訪弟子，弟子不能訪師。吾如得竅，已入室靜修，或入山面壁，豈肯奔走天下依人作幕耶？子年未冠，尚有應儘之人事，何必亟亟？但能積德行仁，有志於道，將來自有明師指點，此時不必作求道想，雖求亦不得也。」余見×師如此堅決，斷不肯傳授，迄今思之，究竟×師確未知竅乎？或以余年少尚非修道之時乎？抑以余無此福命非法器耶？

愚按　觀其師口氣，分明是故意推託。其所以推託之原因，雖不得而知，但某君之福命、功德、智慧、年齡皆不合其師所選擇之條件，似屬實情，否則何必如此堅拒。可見求師一層，也不是容易的事。

余年少氣盛，自恃聰明，以爲竅雖仙師所秘，不能明白記載，未始不可摹擬而得。況照銅人圖上說人身不過百四穴，一一試驗，終必得此竅。孰知此竅不見於丹經，不載於醫書，在有形無形之間，所謂「時至則見，時過則隱」，至今日始知，而當日則不知也。

愚按　銅人圖中穴道，只能作鍼灸之用，並非丹經上所謂竅。因爲丹經上的「竅」字，不能作醫書上的「穴」字解釋。謂「此竅不見於醫書」，這句話不錯。又謂「此竅不見於丹經」，這句話恐未必然。丹經上言「玄關一竅」之處甚多，而且說得很明白，某君當時看書忽略過去，遂謂此竅不見於丹經。

一意購求丹經道書，多至百餘種，遍加研究，各宗一說，大致可分四派。主符籙者，本於日誦黃庭萬遍自能得道之說，以誦經禮斗持咒畫符入手，久而膺上天符籙，可以飛昇。所謂張天師、茅山道，均此類也。

愚按　此派中程度高者，亦兼做內功，惟多注重於存想。

主採補者，以陽盡則鬼，陰盡則仙，人在半陰陽之間，可鬼可仙。人至十六歲而精通，過八年則去一陽，至六十四歲而陽絕。故除童子修道可以不用採補。若至中年，損精已多，非採補不足以還原。道書所謂「竹破竹補，衣破衣補」是也。迨至元陽補足，然後可以築基鍊己，結胎出神，而道成矣。倡之者彭祖，和之者張三峯非三丰祖師。

愚按　彭祖姓錢名鏗，古帝堯之臣，封於彭城，故稱之「彭祖」，又號「老彭」。至商朝時，年已八百歲。彭祖壽命之長，自非僥倖而得，當有一種工夫幫助。惟上古時代，知識階級，雖講究長生之術，却没有築基鍊己、結胎出神之說。這些名詞，唐宋以來，方盛行於世。

張三峯乃宋朝徽宗時人，本武當山丹士，工技擊，爲内家拳之創始者，然亦未必就是彭祖一流人物。須知旁門中「三峯」二字，乃術語，非人名。因字面相同，世俗遂將術中的「三峯」，與人中的「三峯」，混而爲一，糾纏不清，而張三峯無辜受謗矣。

又因「張三峯」與「張三丰」，字不同而音同，於是普通學道者復將宋朝的三峯，與明朝的三丰，混而爲一，涇渭不分，而三丰玄要篇，竟被人誤認爲三峯採戰術矣。某君謂「非三丰祖師」，是已知「三丰」與「三峯」之別，惜其將張三峯與彭祖相提並論，猶未知人三峯與術三峯之分也。

主藥物者，倡内丹外丹之說，以爲内丹不易成就，外丹如成，雞犬可仙，何況人乎？外丹者以鼎爐爲工具，汞鉛爲藥物，火候爲妙用，分人元、地元、天元三種。人元丹只能却病延年；　地元丹可以點石成金，爲神丹之原料；　天元丹謂之金丹，亦曰神丹，非神仙不能鍊，一粒下嚥，即羽化而登仙。此說本於秦漢方士，而葛仙翁、許旌陽，尤其著者也。

愚按　宇宙間萬事萬物，都是相對的，有正面，必有反面。世上既有人會製造毒藥使人服之立死，自然就有人會製造仙藥，使人服之長生。這也是極淺近的道理，並非奇怪。不可只信壞的一方面，而不信好的一方面。古來仙學精華，就寄託在鍊外丹工夫上，後世學者因外丹工夫手續麻煩，非尋常所能做到，遂改從自己身中精氣神下手，名爲內丹。雖比外丹易於入門，但其功效稍嫌薄弱。再後又受佛教的影響，修出世法者，都趨向空寂一途，非但不懂外丹如何鍊法，並且連內丹亦在排斥之列。修道的人若談到鍊丹，就像犯了什麼頂大的罪過，從此而中國古代之仙學遂無人敢問津矣。

主清淨者，不持經咒，不用藥物，不主採補，全以本身之陰陽抽坎塡離，迨至精化爲炁，炁化爲神，神返乎虛，始謂之三花聚頂（精炁神歸一），五氣歸元（五臟之氣歸一），仙道乃成。其中亦有人地天之分。人仙只能長壽，不能不死；　地仙可以不死，不能離地，地毀則同毀；　天仙則超出世界，與天常存。自來修仙莫不由此，爲道家之正宗。

愚按　以上所說，大概是與各家丹經道書相符合。

入手之法，首在得竅。所謂竅者，依稀彷彿，不知所在，或指頭頂上田，或指眉心，或指腹中中田，或指臍下下田，或指尾閭，或指穀道，或指睪丸，或指內腎，或指心腎，或指腦門，各執一說，皆自以爲竅在是矣。互相印證，未能確信。

愚按　學道的人，必先能明白原理，然後再討論方法。假使原理尚未明白，方法倒曉得不少，那就被這些方法把你弄得無所適從。你說這些竅都沒有用處，卻未必然，當行功到了某一部時，自知該部之重要。若在平常靜坐時，執定某一部而死守之，則非善法，不可盲從。

惟有「順之則生男生女，逆之則成佛成仙」二語，各種道書，千篇一律，認此竅必與精有關。其在何處，則遍查不得。

愚按　某君既已認定所謂竅者，必與精有關，就可以在中國古醫書上尋求之，或亦可在外國生理學、生物學、胎生學、生殖器解剖學各書上尋求之即得，何必定要在丹經上搜查？如果丹經上所謂竅者，就是出精之竅，世間一般外科醫生，花柳醫生，誰不知此竅之所在？ 順行則洩漏，人人所憂； 逆行則堅固，人人所喜。 這班做醫生的人，對於順行之關竅，平日認識非常之精楚，用不着再去訪求明師指點。 假使他們要逆行，只須一舉手之勞，就可做到，何故千千萬萬醫生都是順行生男生女，沒有一個人肯逆行成仙成佛呢？ 因爲他們究竟有些醫學上的知識，曉得閉精不洩、運氣逆轉這些法子，不甚高明，長久做下去，要釀成大病，所以鄙棄而不屑爲耳。

讀至張紫陽「智過顏閔莫妄求」之語，始知非遇明師，無法自悟。 讀至「說到丹經一字無」及「達摩西來一字無」之語，始知各種道書徒亂人意。 一切束之高閣。

愚按 悟真篇所云「饒君聰慧過顏閔，不遇明師莫強猜」，乃指丹法全部口訣而言，並非專指人身上某一竅； 「說到丹經一字無」這句話的意思，乃指先天工夫，如老子所謂「無名天地之始」也； 「達摩西來無一字」這句話乃指禪宗工夫，意謂明心見性，不在乎語言文字之間也。 某君定要在肉體上弄出一個竅來，這些書自然話不投機。

道書既無所得，乃參釋氏之書，惟禪宗與道爲近。 以爲參禪亦用性功，必有說明此竅者。遍閱祖師語錄，除鬪機鋒、參話頭外，別無文字紀載。

愚按 參禪雖屬性功，却不是今日江湖朋友所傳授之性功，用不着在人身上指竅。

乃返而求諸二程遺書與朱子語錄，其靜坐之法，與道相近，亦但言性功，未言命功。陽明語錄，較爲感人，仍未言命。

愚按 儒家所謂性命工夫，是一貫的，是圓融的，不是硬要把性與命拆開分作兩半邊的。中庸第一句就說：「天命之謂性。」意思說命即是性，非命之外別有性，亦非性之外別有命也。易經說卦傳云：「窮理盡性以至於命。」即是一貫的工夫。假使把性命分作兩個東西，盡性不過盡性而已，如何就能至於命乎？後人把自己肉體當命，以爲鍛鍊肉體，使其無病長壽，纔算是命功，完全與古人意思相左。

經此五年之研究，卒未能得，立志求道誓不娶妻者，至此已二十四歲，心灰意懶，迫於父命，只得娶妻生子，以盡人事矣。

愚按 五年的短時期，如何弄得明白，非下數十年苦功不可。至於學道的人究竟有妻子好呢，還是無妻子好呢，這真是一個絕大的問題。不才對於此問題研究得很透徹，惜為篇幅所限，不能在此處發表。

迫鄉試中式，遊幕各省，尚時時訪求明師。

愚按　求道訪師，未嘗不可，但請勿一見面就問竅在何處。

附註　鄉試中式，即是中舉人；　遊幕，即是在各衙門中擔任刑名、錢穀、書啟等類職務，昔日稱為「師爺」，又稱為「老夫子」。民國以來，這些名稱都消滅了，三十歲左右的人，恐未必能知，故附註於此。

未幾，先父見背，弟妹均幼，上有高堂，一家生活，置之肩上，只能奔走衣食，更無求道之機會。

愚按　已往學道的人，大半被家庭所累，而無暇專門從事於此。現在學道的人，除却家累而外，又添上一重國難，是累上加累也。

惟靜坐既可養心，又可息勞，則時時行之。至於求道，則已不作此妄想矣。

愚按　各種法門，比較起來，還是靜坐好。惜某君當年在靜坐中得到許多好處，自己不認識，以爲那些好處都不是道，只有「竅」纔是道，大錯大錯！

宣統元年重九月，約友登高，上吳山呂祖殿。適值扶乩問事者甚多，友人囑余叩求。余素不信乩，以爲此文人遊戲，近於幻術，且亦無事可問，雖叩求，並未默祝。而乩上忽批云：「子知性命之學乎？」不覺大驚，觸動十年來之心事，乃叩求指示竅之所在。乩又批云：「將來自有明師指點。」不覺廢然而返，然求道之心，又爲死灰復燃矣。

愚按 又犯了老毛病，仍要問竅。

民國元年，爲改革鹽政來北京，適值同善社在此設總會，入社者甚多。並云能指明竅之所在，坐功以守竅爲主，余以爲今日始得明師矣，乃入社爲弟子。此爲正式拜師之第二次。

愚按 既要指竅，當然要入同善社，因爲同善社是指竅的專家。

當指竅時，不但不傳六耳，並立誓雖父母妻子亦不許洩漏。即同道談及竅時，先須焚香跪請護法神保護，恐爲妖魔鬼怪所竊聽。其嚴密慎重如此。

愚按 這都是故意做作，以表示其竅之寶貴，其實青天白日，那有妖魔鬼怪？

其所指之竅，乃在兩眉之間。問師何以此爲玄關真竅？師曰：「道書不名此竅爲山根乎？佛家之慧眼，仙家之山根，均指此也。」至今日始知所謂「山根」者，並非此山之根也。

愚按　此山之根，雖不是玄關竅，但如某君今日所知彼山之根，亦未必真是玄關竅。

其餘抵腭、嚥津、調息、凝神之法，與前無異，惟目要垂簾。垂簾者，下垂一線，而不可漏光。學之經年，始能成功。此實大誤，違反自然，且與閉三關之旨相背。至於盤膝，及兩手揑訣，無非使四肢由分而合，氣血交流之意，尚無關重要。

愚按　兩目垂簾，或不垂簾，亦無關重要，隨意可也。

惟靜坐心神全注於竅，此則大有害處。年老之人，因守竅而血管爆裂，中風而死者，已有多人，余以後遂不敢守竅。三胞弟同時求道，用功九年，而得神經病，患病十年而死，臨終之時，尚不忘守竅。越二年，余已蒙×師指點真竅，而吾弟墓草已青，可哀也。

愚按　守兩眉之間，得怪病的人甚多，余歷年所見所聞，證明某君之說爲不錯。但×師所指點之真竅，亦有人做出毛病，惜某君無此經驗，只言其利，不知其害也。

迨至行年五十，經營事業，略有成功，而血氣已衰，若不趕緊求師，則行將就木。道家既無所得，惟有再求於佛門。聞密宗亦有竅，適值××法師以東密來京開示，乃正式拜師。此爲第三次。

愚按　佛教中並無却病延年之術，而且佛教徒最反對世人貪戀臭皮囊而不肯拋棄，所以罵這班在肉體上做工夫的人爲「守屍鬼」。某君又錯投門路了。

所傳六種手印及咒語甚簡單，一個月内已完畢。坐功不守竅，每坐須二小時，朔望則自子時至亥時，須坐滿九座。是一晝夜只有食宿六小時，余皆在坐中。余年已五十以上，第一次坐至七座，已不能支，故知做此等工夫非壯年不可。然某大學中一青年，已坐滿數個月，並無何種功效，亦遂不再習。××法師在北京傳道，其門下多至八千人，未聞有一人得道，如余更無論矣。

愚按　不但五十歲以外之人受不了這個苦頭，就是青年體弱者，也要做出毛病。

往年余在北京時，正值某某法師亦在北京傳授東密。某某督軍之女公子二人，年齡在二十內外，學密宗工夫太勤，遂得乾血癆之症，面黃肌瘦，月經停閉，每日下午，身體發燒。此等現象，余親見之。凡學密宗不得病者，已屬萬幸，若求愈病，難之又難。因爲人的身體是肉做的，不是鐵做的，一味蠻幹，決定沒有好結果。

至五十六歲以後，氣喘失眠，血壓高至二百度以上，自知死期將至，照卦爻而論，六陽已去其五，剩此孤陽，而又多病，豈尚有得道之望？然信「朝聞道夕死可矣」之語，比諸十九歲時訪師之念，尤爲迫切。

愚按 某君總可稱得起有志之士，惜其見理不明，只曉得逢人問竅，縱讓他把人身上各種關竅都弄明白，結果「老」「病」「死」三字仍不能免。因爲返老還童，却病延年，長生不死，這些學術，問題是很複雜的，不是僅僅懂得一個「竅」字就能畢業。

至五十八歲，聞某處×師，於內外丹法，均有秘傳。及門已有二十餘人，政學界居多。×師自云機緣在北，乃約同志三人，聘請來平。凡拜師者，贄見千金，加以旅費川資，及一切供養。覿面之下，×師自漢朝以來各種丹經口訣，可以不必查書而背誦一過。其論內外丹之源流，以及下手之工夫，原原本本，按步就班，成仙可以計日而待。雖亦用靜功，不過爲採藥與温養之預備。若但知調息存神而無藥，丹經所謂「猶如水火煮空鐺」，非徒無益，而反有害。

愚按　江湖上傳授此等方法，內容亦大有分別，不可一概而論。彼等表面上雖皆以各種丹經作爲印證，而對於丹經之全部，又多不求甚解。其所能解者，僅書中之一段或數句而已。此派中人，程度高者，偶亦有之，惟彼等都喜用權術待人，不肯說老實話。果真有志於修道學仙，以性命大事爲重者，切勿沾染此種習氣，務須以至誠待人，前途始有希望耳。

藥從何採，重在選鼎。鼎有金玉之分，金鼎爲上，玉鼎次之；藥亦有金液玉液之分。選鼎以無毒無病藥旺者佳，而養鼎與調鼎之法，全在黃婆。蓋大藥之生，與火候之時間，非黃婆不能知。此丹經所謂西家女與東家郎之配合，非黃婆牽引不爲功也。

愚按　悟真篇雖有「黃婆」之說，但不是指人而言。如悟真七絕第十九首云：「黃婆自解相媒合，遣作夫妻共一心。」又第二十六首云：「歸來却入黃婆舍，嫁個金公作老郎。」這兩個「黃婆」，是真意的代名詞。蓋真意在五行屬土，黃乃土之正色，而八卦中之坤卦亦屬土，坤爲老陰，又爲母，所以中央真意號曰「黃婆」。後世將「黃婆」二字，當作黃臉老太婆解釋，笑話百出。既把黃婆作人看待，於是遂有利用自己妻妾做黃婆者，教他們管理鼎器，並試探消息。初下手時，妻妾輩不識其中有何等玄妙，姑且聽從其說，以觀其究竟。到後來露出馬脚，知其仍舊未能免俗，昔日施之於己者，今日亦照樣施之於人，不禁惹起妬火，潑翻醋罐，家庭之間，從此多事矣。男的說，我不過採藥錬丹，毫無邪念；女的說，你仍在調情尋樂，老不正經。請問這場口舌是非如何判斷？

至於採藥之法，與「彭祖五字訣」無異，萬一不慎，不但不能得藥，而反走丹。種種口訣與方法，均詳細傳授，用隱語筆之於書，今尚藏在篋中。惟火候之時間，每日不同，須由黃婆試探，臨時推算，所謂「神仙傳藥不傳火」者此也。

愚按　「五字訣」非彭祖所作，乃後人慕彭祖大名，僞託之耳。彭祖當日活了八百歲，世人奉行「五字訣」者，未到八十歲即死者甚多，尚不及彭祖年齡十分之一。可知彭祖另有玄妙，非「五字訣」所能盡也。

所謂火候時間，每日不同，須要黃婆試探，臨時推算。這些方法，始於明朝，當宋朝張真人作悟真篇時代，未見有此等煩瑣難行而不切於實用之方法。後人因悟真篇有「不將火候著於文」之語，遂各自任意揑造，出賣秘訣。你若說他口訣不合於丹經，他就說丹經上本無口訣，口訣須要口傳，不寫於書上，聞者亦無言可對。等到後來試驗多次，方知那些法門都是無用，然而人已老矣，財已去矣，悔已遲矣。此只怪自己沒有眼力，不識方法之真假，不能怪傳口訣先生們誤人。他們原是把傳口訣當作一種營業，不管你將來有效無效。

余初聞此說，不能無疑。歷代祖師，必購鼎採藥，所費不資，貧寒者何能得道？師曰：「上古道在君相，非君相無此大力。宮女名曰『采女』，大臣賜『女樂』，均爲採藥之用。當知修仙者必法財侶地四字俱備，始能修鍊。法者，採藥之法；財者，購鼎辦藥之需；侶者，即黃婆；地者，即入室用功之地。此藥爲家家所有，不能離開城市，故須託有力者爲之護法。往往隱姓改名，到一處，住數月後，即往他處，恐日久事洩，起外魔也。」此與某幾種丹經頗多暗合，尤其如×××、××××等書，更爲吻合。

愚按　某君所懷疑之處，不爲無見，而其師答語，則附會得可笑。蓋道乃宇宙萬物所公有，不是少數人所私有。假使修道之事，只許極少數富貴階級所獨佔，而貧寒者無份，則亦不成其爲道矣。

彼謂：「上古道在君相，非君相則無力修道。」然考神仙歷史，凡成道者，大半是山林隱士，並非富貴階級中人，此又何說耶？

「采女」乃宮女之別名，因其衣服具有色采，故稱「采女」；「女樂」即女伶之別名，因其擅長歌舞音樂，故稱「女樂」。今以「采女」「女樂」等名稱，附會於採藥之說，太覺牽强。

法、財、侶、地四字本意，範圍是很寬廣的。法者，指各種修鍊法門，不是專指採藥之法。財者，除自己常年開支而外，尚須籌備一筆安家費。因專心修道之人，不能兼做其他謀利事業，自己既需要生活費，家庭又需要贍養費，故非有財不可，並非專以財作購鼎之用。侶者，即志同道合之伴侶，或志同道合之夫妻。世俗所謂「黃婆」者，豈足以當此？地者，乃三段工夫所選擇之地，各有所宜，不能相同，非專指城市而言，山林之中，亦大有講究。某師所謂法財侶地，範圍太狹，與本意不合。

時有×××君，乃新疆之伊犁鎮守使，當新疆督軍被刺後，軍民一致擁戴×君督新。×君志在學道，乃讓與×××。×免職，中央派宣慰使前往，徇新省軍民之請，再推×君主持新政。×君乃秘密乘飛機入關。臨別時，謂其家人曰：「此次訪師求道，道成後，當來度汝等，否則無再見期，亦不必訪我蹤跡。」人能在壯年敝屣富貴，割斷恩愛，出家求道者，雖古時亦不多得。×君本擬入蜀，道出北平，遍訪道友。聞雍和宮×喇嘛亦云知竅，來學者必先在寺誦經咒六年，一天不能間斷。湘督×××及×××總長，均在弟子之列，且已做滿六年苦功，當於九月間指竅。×君與×總長同鄉，因介紹於×喇嘛。所談不合，始來我處。一談之下，信服萬分。×師亦以×君可傳大道。

愚按　無論什麼道理，無論什麼法門，有相信的，自然就有不信的。常見許多幼稚的宗教家，每欲强拉世上人都相信他們所宣傳的那種宗教，結果白費心力。但是有不信的，自然就有相信的。只要你能够獨立自成一派，用不着宣傳，總有不少人會表示同情。即如×喇嘛所傳之工夫，究竟是好是壞，若說好，何以×君不信？若說壞，何以×督軍、×總長偏要篤信？因此可見人類生來的根器千差萬別，不能一律看待。所以當我的一種學說成立後，有人讚美，固不足爲榮；有人反對，亦不足爲辱。人能信我，我未嘗不歡迎；設若不信，我决不用手段引誘他們相信，只求盡我自己在人類中一份子義務，已無愧矣。

余與×君，因家中不便，別租一宅，僱用黃婆，選擇鼎器，以爲採藥之地。余當時亦用至四鼎。中略。但以年將六旬，而又多病，不敢作採藥之嘗試。萬一藥未採到，而先走丹，不能成佛成仙，反而生男生女，豈非笑話？中略。故鼎器雖多，未敢一動其心，而同志笑我爲迂腐。

四個月後，喘疾更甚，華池玉液，毫無功效，而病反加劇，乃拒而不飲。

愚按　某君喘症，屬於陽虛，而華池玉液，則偏於陰性，陽虛症不去補陽，反而滋陰，自然越弄越糟。

一日扶病謁師，叩求指竅。

愚按　到此時仍未能忘情於竅，可歎！

師謂：「竅易指，不過數分鐘即了，然必待外丹成後，始能傳授。因汝等有財，一指竅即可修成，而多數弟子無錢，非待外丹成，不能修道。汝不能專爲個人謀也。現在安鼎地點已定，藥物亦備，惟建屋置爐，及炭火食用之需，約二萬金可以濟事。四年後丹成，則點石成金，何患道之不成哉？」

愚按　凡偏執彼家之說者，皆注重於多備鼎器，按時採藥，本來用不着指什麼竅。因爲指竅另是一種法門，某君硬要在「竅」字上追究，其師無可奈何，只得順了他的意思，作口是心非之語。所謂「一指竅即可修成」，這句話實不足信。某君前已說過，「種種秘密口訣與方法，均詳細傳授，用隱語筆之於書，今尚藏在篋中」。到了此刻，尚要指竅，方可修成，難道以前所傳授的許多口訣都是無用的嗎？都是修不成的嗎？

余對於外丹，雖不敢謂其必無，然必內丹成，而後外丹就，神丹非神仙不能鍊。至於黃白之說，乃方士所以欺世者，決不可信。今×師以黃白爲修仙之訣，余信仰漸失，而病亦日深。

愚按　某君對於外丹批評，自相矛盾。服食的神丹，與點金的黃白術，原是一條路上事，不過程度有深淺之分而已。既相信有神丹，即不能不信有黃白；既不信有黃白，即不當再信有神丹。黃白易鍊，神丹難鍊。昔日張三丰真人傳道於沈萬三，沈在南京鍊黃白術成功，家中有聚寶盆，人皆知之。而天元神丹，僅三丰真人在雲南鍊過，沈君却不會鍊。明清兩個朝代，會鍊黃白的，常有其人；會鍊神丹的，則未之聞。某君信其難，不信其易，信其深，不信其淺，實無理由可言。至於方士欺人，本是古今同慨，然天下事有假的，就有真的，有不靈的，就有靈的，豈可因失其信仰之故，遂將中國數千年遺傳之絕學一概抹煞？黃白術各種丹經，世間流傳者甚多，比較內丹書尤爲難懂。某君於內丹書既是走馬看花，不求甚解，自然更不懂外丹，所以發此隔靴搔癢之論調。

至翌年春，面腿俱腫，氣喘如牛，一動作，通體汗下，棉衣俱濕。自知不起，預備遺囑後事。師亦命諸弟子朝夕問病。蓋余若死，則同志均失信仰也。幸得中醫蕭龍友先生以蛤蚧尾治愈。

愚按 某君氣喘，既能用蛤蚧尾治愈，必是下焦虛寒，腎不納氣之故。此病宜服溫補元陽之藥，再加以靜坐工夫，即可有效，本無用鼎之必要，而且没有資格用鼎。所以前段說，用鼎四個月，毫無功效，就是因爲藥不對症。

×師亦回湘鍊外丹，×君同往。余自此次病後，覺悟身外之物決不能補益本身之陰陽，真竅既未得，則本身之陰陽無法抽添，只可聽之而已。是爲民國二十三年，已五十九歲矣。惟靜功仍日日行之。

愚按　若謂身外之物不能補益本身之陰陽，何以服蛤蚧尾遂能愈喘病？若謂真竅未得，則本身之陰陽無法抽添，何以某君當十九歲初做工夫時，完全不知竅在何處，乃居然有陰陽調和之效驗？

至民國二十五年春，余已六十有一。聞有×師，爲人治疾，不用藥，不用符，但教人以性命工夫，凡中西醫認爲不治之症，無不立愈，尤以肺癆心臟腎虧之症爲更捷。友好中治愈者甚多，惟必須本人發誓病愈後立志學道，始肯醫治。

愚按　此處說得太過分，治愈者雖有其人，不愈者料亦不少。

長男自幼失明，又早婚，以致身弱多病，患遺精病已數年。中西醫治殆遍，乃請見×師。一談之下，始知四十餘年訪求未得者，而真竅有着矣。所謂「踏破鐵鞋無覓處，得來全不費工夫」，其斯之謂歟。

愚按　竅雖然有着落，但不是丹經上所說的玄關一竅，且慢歡喜。

尚不敢深信，先令長男拜師，指點性命工夫。第一次行命功，遺精之患即愈，真可謂立竿見影。乃約同志數人拜師，求點真竅。此爲第五次正式拜師，壇即設於韜園。

愚按　本文所謂第一次行命功，遺精即愈，不知是做一次工夫，或是做多次工夫，更不知是永遠不遺，或是暫時不遺。其辭頗覺含糊。歷年以來，我遇到所謂做命功的人不少，有的弄得邪火上沖，腦脹眼紅；有的弄得小便淋瀝，腰痠腿軟。自表面看，精雖然不出，其實被慾火煎熬，早已變成稠濁之物，被這班所謂做命功的人，將關竅堵塞，當時未曾射出，停滯在下部，又不能還源，或者於小便前後滑溜而下，或者仍舊留在裏面作怪，攪擾得身心不安。經過日久，難以忍耐，只有放他出去，纔能風平浪靜。但是這班人因爲要顧面子，要誇張自己工夫做得好，不願將真相輕易告人，等到做出病來求教於醫生時，方肯說實話耳。

一年之內，拜師求治病者，五十餘人。無論何種虛弱之症，只要元陽未絕，百天之內，無不立愈。

愚按　自己做工夫，治自己的病，雖有時可愈，但不愈者亦多。若說無論何種虛弱之症，一概能愈，恐未必然。

惟當臨危時，自知不治，爲救命計，無不曰苟能病愈，當放下一切，專心學道。迨病愈後，則一切性命工夫，置之腦後，即余長男亦然。真爲求道而拜師者，不過一二人。可見真心學道者之少也。

愚按　世上真心學道之人，的確很少。學道本是最高尚的事，爲什麼大家都不歡迎？就因爲這件事與普通人情相違反，做起工夫來，實在乏味。除非身體有病，方肯學道，等到病愈之後，他們自然都不願再前進了。惟某君所提倡的那種工夫，又當別論。既不違反人情，而且動手做起來，亦復興味無窮。據某君原書上說：「惟道家化慾之法，既不必强制其不漏，亦不必限止其少漏，惟利用其欲漏之時而退回之，因敗以爲功，變出而爲入，其法自然，爲人所欲。中略。出精之樂，在於氣喘血沸，心動脈張，四體酥麻耳；而返精之樂，其心動氣喘，百脈緊張，四肢酥麻，亦猶是也，而快樂過之。且出精後，頭目昏迷，身體疲倦，口乾舌燥，往往事後不勝其苦；而返精後，則精神奮發，頭目清明，口舌生津，其樂有不可形容者。中略。道書云：『順之則生男生女，逆之則成佛成仙。』順之者即出精，逆之者即返精也。此理淺明，人人可能，且人人所貪。金剛經所謂『一合相者，即是不可說。但凡夫之人，貪着其事』，亦指此。」果如某君此說，凡做此種工夫者，既有快樂可貪，又能成仙成佛，這個法門，真是人間少有，世上無雙，應該人人歡迎，到死不肯放手，爲什麼他們五十餘人都不願永久照樣做下去？　豈非出乎情理之外嗎？　試以此事質問某君，諒他亦無言可對。

余自得竅後，將數十年所經營之事業逐漸脱卸，一切交際亦斷絕。四五年來之喘疾，冬春必發者，已全愈；　血壓由二百度減至百六十度；　最討厭之失眠症，四年來非安眠藥不能睡三小時者，已恢復六小時之睡眠；　十餘年之嗜好亦戒絕；　兩年來陽已不能舉，現則每五天能行一次命功。　一年後，宿疾全愈。

愚按　某君自得竅後，有五種好處：　第一種好處，四五年的喘疾已全愈；　第二種好處，高血壓已減低四十度；　第三種好處，四年來的失眠症已全愈；　第四種好處，十餘年的嗜好已戒絕；　第五種好處，兩年來的陽痿已有起色。　不過做了一年工夫，就有這許多效驗，若再做下去，成仙了道，定可如願以償，爲什麼下文又說「此生恐已無望」，豈非自相矛盾嗎？

去年夏，乃遊黄山、雁蕩、金華諸山，以爲隱居之地。　歸未匝月，即遇事變，手刱之三大公司，與南京新落成之房屋，以及各種財產，均已盪然，骨肉四散，相隔萬里，而余靜功依然每日行之。財產、事業、名譽、恩愛，均不足以動我靜坐時之一念。惟一聞飛機聲，則靜中即不能再坐。向來每日可坐三四次，每次一小時以上，現在只能坐二次，每次未滿一小時。屈指六十四歲陽絕之時，不滿兩年，而懈怠如此，此生恐已無望。如此竅在十年前得之，當不至此，或亦無此福命耶。

愚按 某君所謂「竅」，乃肉身上出精之竅，非法身上玄關一竅。不必說在十年前得之無益，即在二十年前或三十年前得之亦無益。世上人知此竅者，不計其數，請看他們的好處何在？某君所以能見效驗者，蓋得力於平日靜坐工夫，不在乎知竅與不知竅。今將靜功一概抹煞，專歸功於竅，未免捨本而務末。

生平認爲最誤人者，即×××先生敝屣督軍之尊榮，割絕家庭之恩愛，拋棄巨大之財產，萬里訪師，欲得真竅。因余介紹，入於×師之門，隨師赴湘鍊外丹已四年，無所成就。

愚按 ×××先生萬里訪師，是想成仙，不是欲得竅。雖說鍊外丹四年無所成就，他心中到底尚有一種希望。請問世上許多得竅之人又有什麼成就？非但沒有成就，並且連希望也沒有的。某君就是其中之一人。上文自言「此生恐已無望」，又在原書序文中自言「弟子年已六十一，去精絕之時，不過三年，惜早不遇師，今已垂絕，即使修鍊，未必能成」，這些話就是沒有希望的鐵證。某君在前文中又言：「一年之內，拜師求治病者，五十餘人，病愈，則一切性命工夫置之腦後，即余長男亦然。」觀此言，可知五十餘人都是沒有希望。因爲這種工夫，假使做壞了，就不免病上加病。就讓你做得很好，充乎其量，僅能愈病而已，決無成仙的希望。這班人也有自知之明，所以做到病愈，就不肯再做，曉得再做下去，亦不過爾爾。某君說自己年老陽絕，雖做工夫，未必能成，難道同時拜師的五十餘人個個是年老陽絕嗎？何以他們都心灰意懶呢？某君又說，這班人不是真心學道，所以沒有希望。某君自己總可以稱得起真心學道之人，又因爲年老陽絕，所以也沒有希望。說明結果大家同歸於無希望之一途，可歎！可歎！

余得竅後，曾請同志×君，回湘兩次，勸其北來。乃入魔已深，未能自覺。至去年已有北來之訊，仍未實行。今則南北隔絕，不知行蹤如何。以×君之棄家求道，在歷代祖師中亦不可多得，且尚在壯年，因余一言而入於外道，萬一誤彼終身，此則萬死莫贖也。恐後之求道者誤入旁門，略述一生訪道之經過以爲戒。

愚按　×××先生在湖南省鍊外丹，不肯聽從某君之勸回到北方來，是否入魔已深，我不曉得。惟×××先生棄家求道，志在成仙，目下雖無所成，心中尚有最後的希望。若當真的北來，陪伴某君一同鑽竅，他成仙的希望就斷絕了，所以他不肯來。

余觀某君一生求道，總算誠懇，待朋友亦極其熱心。獨惜智慧欠缺，不能認識「性」「命」二字之真相，而讀書又不求甚解，竟把肉體上的出精竅，當作法身上的玄關竅，可謂大錯。余恐世間學道者，被「竅」所迷，鑽入其中，莫能跳出，故不避嫌怨，逐節批評，聊進忠告。這是學術上的研究，與個人無涉，故又將原文中所有人的姓名一概隱藏，免致誤會。既非對於某某有所不滿，亦非對於自己巧作宣傳，不過爲世間好道同志盡少許義務而已。請原作者並閱報諸君諒解是幸。

載民國二十九年（一九四〇年）十一月一日、十二月一日，民國三十年（一九四一年）一月一日、三月一日、四月一日、五月一日、六月一日，仙道月報第二十三、二十四、二十五、二十七、二十八、二十九、三十期

化慾論

隱名氏　作　陳攖寧　按語

攖寧按　此篇及余之求道經過同爲一人手筆，民國二十七年冬出版，書中無作者姓名，亦無版權，並無發行寄售之處，大約是印送或宣傳性質。天台山伍止淵鍊師不知從何處得來，持以示我。細看此書理論亦頗有可取，惜其方法太不高明，學者若照樣做去，必多流弊。本不擬將此書公開研究，然世間知此法者不少，常有人寫信到敝處，問此法能照做否，實令我難以回答。今見此書所主張之方法，與彼等所問者相同，特將其轉載於仙道月報，以便學此法者自己試驗，自己判斷，恕我不負責任。但有一語應該聲明者，凡人肉體上出精之竅，決非丹經上所說的玄關一竅，幸勿被此書所誤。至於吾人慾念，是否用此種方法即可以化除，請勿問我等，問諸君自己可也。

化慾論自序

此篇之作，有二原因：遠因起於求道立願之時，近因起於山顏夫人節育之說。愚年十九，即有志於道，行年四十，尚未得師。五十以後，得失眠症，服安眠藥，僅睡三小時，血壓高至二百度，喘疾時作，一登樓，非十分鐘不能止。四五年來，中西醫遍治無效，自知去死不遠。他無所憾，惟童年慕道，垂老無成，苟能得師指竅，朝聞夕死可也。顧安得明師乎？

丁丑春，同志黃君志林來告曰：「北平有×老師者，爲人治病，不用湯藥鍼灸，亦不用符咒手術，凡患肺癆、心臟腎病，西醫以爲不治者，一用性命工夫，百日全愈，吾親友垂死而愈者多矣。」愚以爲此真畢生所求而未得者，乃往謁×師。師曰：「吾非醫生，不能開方；亦非術士，不能畫符。惟教病人用性命工夫，但使氣尚未絕，精尚未枯，靜坐以運氣，點竅以返精，則百病自愈。惟垂老陽絕者，不能治；志不求道者，不爲治；病人不自知不起者，治之亦無效。」

愚問：「病至垂危，尚能靜坐乎？」師曰：「性功不限定坐，臥亦可也。行止坐臥，均可修性。佛家所謂臥禪，陳摶以臥得道，同一意也。至於命功，只在得竅，本不必坐，故雖久困床褥，不能轉側起坐者，亦能用功。惟陽絕者，不能修命功。不自知將死者，用心不專，用功不勤，其效不見。吾以是治病，已愈數十人，當諸醫回絕死生呼吸之際，無人不曰『苟能活命，當拋棄一切，以求至道』。一旦病愈，好名利者，仍奔走於名利，嗜淫賭者，仍專心於淫賭。**寧按** 據此可知化慾之說不足信，欲再如病時之用功，千百人中無一人。可見真心好道者難得，吾此後當不再爲人治病矣。」

愚聞而狂喜曰：「道在是矣。」供養於家，叩求指竅。性功素所練習，惟糾正其姿勢，即能靜坐一小時不起念。惟陽精將絕，不舉者已數年矣，欲修命功，談何容易？不意修性功五天，即枯楊生稊；行百日後，不但精垂絕而復生，血壓降至百六十度，睡眠六小時，安眠藥已不復用，五年來之喘疾亦不復發。是年冬，上黃山絕頂，並不氣喘。小試之，其效如此，可見古人非欺我也。

一日語×師曰：「按卦爻，男子二八而精通，八八而精絕。弟子年已六十一，去精絕之時，不過三年，惜早不遇師，今已垂絕，即使修鍊，未必能成。惟四十年來，訪求而未得，幾墮落於旁門。世之好道如弟子者亦多矣，何歷代祖師秘而不傳耶？**寧按**　因爲歷代祖師不贊成這種法子。況今日禮教失其權威，宗教失其信仰，戀愛自由，淫慾橫行，小之傷其生命，大之弱其種族。若能因勢利導，化慾有方，既可壽人以壽世，又可强身而强種。古來傳道者，恐傳匪人，至干天譴，弟子志存救世，願公開此道，即有天譴，當身受之。」**寧按**　古今房中術各書上，早已將此法公開，若有天譴，應該讓他們先受，輪不到某君頭上，即請公開，保無禍患，不必少見多怪。×師曰：「兹事體大，俟吾師來時，當再請命。」

其時正山額夫人以節育之法，傳布中國，知識階級，趨之若鶩。彼之所謂節育者，乃避孕之下策耳。貞節風俗，雖已打倒，處女寡婦，惟恐懷孕，尚能自守。青年夫婦，雖多色慾，爲經濟所迫，惟恐生育，墮胎者有之，然究非人道，且有危險。今有避孕之法，當一無顧忌。幸而山額夫人避孕之法並無實效，否則淫風當更熾矣。

愚有見於此，愈覺大道公開之必要，秋×祖師自關外來，遂以此爲請。×祖師云：「是吾志也。世變日亟，三教公開，大道究難終秘。惟昌明有時，姑少待之。爲强種計，胎教尤要。胎教倡自太任，秦火後失傳，僅散見於醫書，是以後世人民愚惡者多，而賢良者少，夭弱者多，而壽强者少。外國亦有優生之學，彼所注重者，在身體健全，容貌美麗。惟胎教則身心並重，道德健康，兩不偏廢，現正欲與通人重興此學。汝既有志於此，不妨以原理示人。至於指竅返精之妙，不可妄傳。非僅爲天譴，恐人恃此保身之法以縱慾也。「寧按：某君屢言此法可以化慾，而其師祖則謂此法須防縱慾，兩人意見，完全相反。」

愚既奉師欲作一文以告世，倉卒無暇。去年盧溝橋之變，伏處津門，終日靜坐，恐一旦化去，素願莫償，乃草此文，以就正於有道。並將求道經過附於篇末。當世不乏明哲，能引而伸之，則以此爲引玉之磚也可。至於玄關所在，口訣所傳，愚得也淺，有吾師在，固不敢言，亦不能言。是爲序。

化慾論本文

儒家謂之慾，道家謂之魔，佛家謂之塵，其實一也。慾雖不一，凡耳目口鼻身意之慾，除食慾外，尚易戒除，惟色慾爲最難，因其本於天性。人何以生？即由父母色慾而生。無論老弱男女智愚貧富，一息尚存，此慾即難斷絕。自來對於慾的辦法，不外三說。

甲　縱慾說

此說倡自西洋，以爲男女淫慾之起，由於過爲神秘。因禮教之防閑，使男女隔絕，交媾之事，視爲秘密而神奇，故欲一嘗以爲快。若色相顯露，神秘公開，男女之間，毫無歧視，則平淡無奇，不起淫念。此玉體橫陳，味同嚼蠟之說也。故乳也、臀也、臂也、腿也，凡可引起淫念者，莫不顯豁呈露，甚至將少女赤身置於大衆之前，供男子賞玩描摹，名之曰模特兒曲線美。從前夫妻在被底所不能見者，亦公開之。至於兩性之裸體跳舞，裸體游泳，擁抱接吻，以爲文明。凡此主張，皆新學家公認爲防淫之法。此與禁煙者謂不必禁其吸，但使煙館林立，寢食於斯，即能斷癮；禁酒者不必禁其飲，但使酒池十里，沉没其中，自能戒絕，何以異耶？

寧按　男女之慾，等於饑則思食，渴則思飲。飲食過量，雖於人有害，滋養不足，亦使身體受傷。至於煙酒，則非人生所必需。終身不吃煙酒，身體上毫無欠缺；終身没有配偶，生理上則感覺偏枯。而且煙酒之癮，越吃越大，越老越深，欲戒不能；男女之欲，多則厭倦，老則淡薄，不戒而自戒。兩者性質不同，未可相提並論。

凡人之情，不見所欲，其心不動。柳下惠，聖人也，故能坐女子於懷中而不亂；程明道，賢人也，故能目中有妓，心中無妓。然坐懷之女，未必赤身，目中之妓，未必裸體：故賢聖尚能忘情。今以聖賢所不能自禁者，施諸色情方剛之男女，而謂可以防淫，其誰欺乎？

乙　絕慾說

此說創自釋氏，視女色如蛇蝎，交合爲汙穢，以出家爲根本絕慾之法。又創爲三淫之說，即淫事、淫心、淫根也。出家只能斷淫事，不能斷淫心，乃有「色即是空，空即是色」之語，並以身體爲臭皮囊，毫無可愛，此即斷淫心之法也。惟淫根最難斷絕，因淫根乃生理上之機能，非心理所能制裁。男女當精通之年，滿則思溢。學佛者戒行愈嚴，精愈充足，則欲排洩之力亦愈猛。故有戒行之高僧，盤膝兀坐，不敢安寢，恐夢寐中有所洩也。

精多則溢，乃生理自然之勢，非道德之力所能遏止。以阿難之戒行，幾爲摩登伽女所破；以鳩摩羅什之聖哲，卒娶女而生子。並非道行不足，亦非女色能亂之，乃淫根未斷，慾念一動，精難自制耳。慾念何以動？精動之也。故學佛者，必以漏盡通爲究竟，非到此地步，時時可以漏精，亦時時可以犯淫也。欲絕慾者，必斷淫根。淫根者，造化生生不息之基，此根斷則人種必滅。儒家所惡於佛，謂其寂滅者，即指此也。

丙　節慾說

縱慾既不可，絕慾又不能，於是中國聖人乃有節慾之說。其節慾也如何？男女不同席，不相授受，内言不出，外言不入，防其始也。青年當春情發動期，最易犯淫，故設禮以防之。明知男女居室，人之大倫，食色天性，不可抑止，惟導之以正，限之以時，乃有「女子二十而嫁，男子三十而娶」之規定。不專爲色衰愛弛難以偕老之調劑，亦所以保身而強種也。明知男女媾精，勢難終秘，惟當男女尚未成熟之時，禁止一切非禮之舉動，使其情慾逐漸發生，不爲助長。蓋遲一日破身，即延長一年之命，不僅爲傷風敗俗，亦所以身强而保命也。

寧按　青年男女之慾，雖可設法禁止，請問對於他們手淫之舉動，將如何防範？須知獨身手淫之害，勝過男女交媾之害，自應該想一個徹底的辦法。否則空談節慾，實無濟於事。

夫妻好合，雖不必禁，淫慾太過，非傷其生，即絕其嗣。乃設齋戒之制，大祭七日，中祭五日，小祭三日。齋戒者，即出居於書齋。古人以入室爲房事，故以持齋爲獨處。後世無識緇流，乃以持齋爲吃素。齋者，屋也，豈可食乎？一月有數次祭祀，即可節慾半月。又倡爲胎教之說，婦女有孕則分居，亦所以節慾也。諸如此類，不勝枚舉，無非爲節慾而設。

據西醫云，四十滴之血，能生一滴之精，則其寶貴可知。又云，凡人一生出精，最多四千次，過此非病即死，則精之關於生命也可知。此與道家以精氣神爲三寶，若合符節。古者三十而娶，除去祭祀、出遊、疾病，每年好合者，不過數十次，故雖百歲康强，尚能生子。若旦旦而伐之，則十餘年即滿四千次之數，所以俗諺有「貪花不滿三十歲」之說也。

今之學者，不知節慾，反教以縱慾。男女同校，移乾柴而近烈火；戀愛自由，學養子而後嫁。青年男女，終日追逐異性，不以學業爲務，不得於異性，則求之於同性。莘莘學子，每年死於色慾者，不可勝計。前年醫生調查某地女學，十八歲以上女生，破身者占百分之七十五。女生如此，男生可知。學校如此，社會可知。照此下去，欲國之不亡，種之不滅，豈可得耶？

寧按　某君屢言古代女子二十歲即嫁，然則現代女子十八歲以上破身，並不違背古訓，何必大驚小怪，故作危辭以駭人聽聞？

由上觀之，縱慾之害既如此，絕慾之難又如彼，惟有節慾爲中道，行之而無弊。然禮教已被打倒，今日而欲再設男女之防，嚴定婚姻之制，大勢所趨，必不能行。蓋善良風俗，養之百年而不足，壞之一日而有餘。既壞之後，欲求匡復，非聖人在位、教民再世不可。況在今日獸慾横行、舉世風狂之日乎？然則國其無救乎？曰化慾可以救之。

寧按　某君謂化慾可以救國，不知所指何事。若說維持舊禮教，但舊禮教已被打倒，無法可以挽回，某君已自言之矣。若說改造國民體魄，然據某君前文所云「縱慾之說，創始於西洋」，而西洋人個個身强力壯；「儒教節慾、佛教絕慾之說，盛行於中國」，而國民大半是衰弱多病之軀，遠不及西洋人身體之强壯。請問是何理由？可知況且世界上幾個强國，他們的國民未嘗聽說有什麽化慾秘訣，縱慾則有之耳。可知慾之化與不化，對於國家強弱毫無關係。

化慾者何？既不必絕慾，自亦不願縱慾，與節慾志同而道異。一則勉強而行，一則純任自然；一則反性而行，一則順性所爲；一則消極限止其慾，一則積極利用其慾。節慾之功，非讀書明理修養有素者不能，化慾則愚夫愚婦無不能之。

寧按　此段謂節慾是勉強，是反性，是消極，非上智之士不能；化慾是自然，是順性，是積極，雖愚夫愚婦皆能。這種理論，讀者心中實在感覺到神妙不可思議。

慾念之動，由於精動。精何以動？欲外洩也。男子在母胎中有精一兩，長一歲加一兩，至十六歲而滿十六兩；女子在母胎有精二兩，長一歲加一兩，至十四歲而滿十六兩。迨精滿一斤，即欲排洩。精一洩，即失其童真而爲破體，不必限於男女之交媾。如同性相姦也，手淫也，夢遺也，同一漏精也。

寧按　女子身上生理，與男子大不相同，未便混爲一談。至於斤兩多少之數，亦無根據。前人姑妄言之，今人姑妄信之耳。

佛家之絕慾，即爲斷絕其漏精之路，然能止其下洩，不能禁其上漏。嘗見苦修之和尚，終身不近女色，亦不起一淫念，卒以淫根尚存，忽然圓寂，玉筯自鼻孔下垂，人皆以爲修道有成，其實即漏精而死，非死後始漏也。佛家之絕慾欲精不漏者，其難如此。

寧按　鼻孔所垂之玉筯，是否與下竅所出之精同一性質，頗有問題。精能種子，能生人，請問玉筯亦有種子生人之功能否？再者，還有一層疑案，尚未明白。究竟是因爲先垂玉筯的關係而人不能不死呢，或是因爲人將要死而後始垂玉筯呢，亦當仔細考查，多多經驗，方好下一句判決。不可憑一二人偶然的現象就統而言之，恐被科學家所竊笑。

儒家節慾之功，設種種禮教以爲防閑，無非欲其少漏。然能防之於有形，不能防之於無形。嘗見老師宿儒，時以「戒之在色」誨人，而閨門之內，有不告人者，非必作僞，實精欲衝動，不能自制耳。儒家之節慾欲精少漏者，其難又如此。

寧按　此段所說，亦是實情，固不必諱言。人能常吃素食，而口味淡薄者，慾念比較可以減輕。若喜肉食，貪厚味，則慾念更難制伏。蓋以生理上受了刺激，影響及於心理，慾念遂由是而起。僅賴道德觀念以對治之，實際很少有效。壓迫之極，每患神經病。

惟道家化慾之法，既不必强制其不漏，亦不必限止其少漏，惟利用其欲漏之時而退回之，因敗以爲功，變出而爲入，其法自然爲人所欲。蓋好淫者不過貪出精時頃刻之快樂耳，若化出精而爲返精，其樂更倍於出精，則登徒子不好美色，河間婦不貪健男矣。

寧按 人身元精，即靈源大道歌所謂「神水」，本散布於身中各處，不限定在下部一小塊地方。及至變成形質濃厚之濁精，積少成多，儲藏於下部精囊之內，其事已壞。當時雖暫爲保留，總有一朝一夕要衝關而出，縱然把關門封鎖得很緊，不放他出來，此物在裏面經過的時日太長久了，就要作怪，攪擾得身心不安。譬如身上生一個無名腫毒，當初紅腫尚未化膿之時，可用藥將其消散，不必定要破頭。設若醫治不得其法，錯過消散之機會，而腫毒已經成熟，好的血液已經變膿，則非開刀出膿不可。否則只有聽其自動破頭，將濁膿流盡，方可用生肌收口之藥。假使有人說不必開刀破頭出膿，只須用法將裏面腐敗停滯之膿復返還於血管，運化於周身，腫毒自然可愈，請問此等治法合於醫理否？又譬如人肺中有痰，必須咳嗽吐出，方能暢快。若謂此痰乃津液所變，常常吐痰，身體不免虧損，只須等到痰從喉管將來咳出之時，極力忍住，重復嚥下，常常如此，則身體不至於受傷。請問此種方法合於衛生之道否？某君所謂化出精而爲返精者，就等於腫毒有膿，不肯開刀，肺裏有痰，不肯吐出，其方法之錯誤，顯而易見，雖愚夫愚婦亦知其不可行。或謂精爲人身中三寶之一，不可與痰膿相比。痰膿是壞東西，自然要把他去盡；精是寶貴之物，必須將其保留。此言亦似是而實非。蓋元精在身中尚未變成濁精時，的確有保留之必要。若已經變爲濃厚而又粘滯之形狀，就等於血已變膿，津已變痰，再要勉强保留，非但無益，而且有害。丹經所謂鍊精化氣，乃鍊一清如水散布周身之元精，不是鍊重濁稠粘停滯下竅之濁精。張紫陽仙師云：「不識陽精及主賓，知他那個是疏親；房中空閉尾閭穴，誤殺閻浮多少人。」又白玉蟾仙師云：「人身只有三般物，精氣與神常保全；其精不是交感精，乃是玉皇口中涎；其氣亦非呼吸氣，迺知却是太素煙；其神更非思慮神，可與元始相比肩。」學者觀之，當能領悟。惜某君求道四十年，讀遍丹經，竟不識先天一着，此則關乎本人智慧與福命，局外者固愛莫能助矣。

附註　河間婦，河間乃地名，即今河北省之河間縣。古時該處有某婦，喜亂交異性，至死不休，故後世以「河間婦」之名代表女子之狂蕩者。

載民國三十年（一九四一年）六月一日、七月一日仙道月報第三十、三十一期

紫陽宮講道語錄

陳攖寧　講　承雪　錄

鐵海問：「如我等出家修道，是先度人好呢，或是先度自己好呢？」

攖寧答：「這件事真是一個大問題，不容易解決。依愚見而論，可以不必拘泥，須要圓通一點方好。看目前環境應該走那條路，宜於度人者，即先度人；宜於度己者，即先度己；宜於人己同時並度者，即不妨兼而行之。」

鐵海問：「何種環境，宜於度人？」

攖寧答：「假使信仰你的人很多，一言一動，別人家都承認你是不錯，在許多信徒之中，有錢的出錢，無錢的出力，都能幫助你做開山弘道之事業，凡有舉辦，無不順利，這種環境，宜於先度人，不宜急於作自了漢。等到應該做的事業立定根基，付託有人，然後拋棄一切，專做自己工夫，這叫作『先度人，後度己』。」

鐵海問：「何種環境，宜於度己？」

攖寧答：「假使信徒不多，護法太少，自己經濟力量，又嫌薄弱，做起事來，無人幫助，一切情形，皆不順利。在此種環境之下，就應該閉關靜坐，斷絕塵緣，或入山隱居，苦修苦鍊，等到自己有所成就，然後再出而行道，這叫作『先度己，後度人』。」

鐵海問：「聽所談兩種辦法，無論度人度己，總不免有先後之分，請問人己同時並度之法。」

攖寧答：「此種辦法，即是一方面隨緣應化，但不必積極進行；一方面偷閒用功，亦不必刻期見效。雖做利生事業，也要經過許多困難；縱說勸善語言，也未免有許多煩惱。困難與煩惱，即可以增長你的智慧，又可以磨鍊你的心性。利生勸善，固然有益於世人，困難煩惱，未嘗無益於自己。等到若干年後，度人事業，當有成績可觀。同時，自己智慧，已如澄潭秋月之明；自己心性，亦到爐火純青之候。此時若求了脫自己，不必多費工夫，只須一念迴光，即足以破塵網而超劫運。這就是人己同時並度。古代祖師，常有如此做法。以上三種路線，願君審察環境，擇而行之。」

鐵海曰：「今日幸蒙開示，路路皆通。我輩出家人，若真有志於道者，按照這個路線走去，可謂進退咸宜，甚妙甚妙。」

載民國三十年（一九四一年）五月一日仙道月報第二十九期

佛學論述類

讀黃懺華居士給太虛法師一封信

陳攖寧

原文見佛學叢話中。　**陳攖寧增批**　此書在商務印書館出版。

原文　法師，現在有幾句話請問你，我學佛以來，年代也不少了，自己覺得對於佛法認識得很明了，信仰得很真實。

愚按　懺華居士，我同他相處多年，可以證明他這幾句話決非妄語，真實不虛。

原文　我曾經試用唯識家的五重唯識觀，把世界加以精密的觀察。又曾經試用般若家的一切皆空觀，勘破世界，似乎可以萬象皆空，一塵不染了。

愚按　唯識家的法相，分晰得過於精細，反而把學人的腦筋弄糊塗了。不必說他字句艱澀，名目紛繁，最難應付的就是法網重重，動輒得咎。若拿他當作科學一類的東西研究，也未嘗不可。若仰仗他做個出世間的大法船，要他渡我們脱離苦海，設若中途遇到風浪，一定會迷失方向，那真不是兒戲的事。

譬如許氏說文，在漢學中何嘗不是一部傑作？然而孔夫子的真實本領，未必就在說文上頭。讓你把說文讀得爛熟，只可稱得起精於訓詁之學，不能說就是入聖之階梯。佛教的唯識宗，亦如此而已。

般若真空觀，下手比較切近點。唯識等於漢儒之訓詁，般若等於宋儒之性理。學佛的人們，乘般若船，到了大海中間，或者不至於因風浪而迷失方向。但是方向算你認識清楚，也要看這隻船本身的力量，是否能彀逆風破浪而行。假使本身力量不足，你想把他開到南邊，狂風巨浪會把他捲到北邊來。船上骨架木料再不堅固時，難免被風浪打成粉碎，沉在大海中拉倒，如何有到彼岸之一日？所以宋儒性理雖然高明，畢竟不能做孔夫子第二，就是他們力量不足的原故。

原文　然而到了生死關頭，名利關頭，雖然看得清，依然打不破。

愚按　看得清，是理；打不破，是事。看得清，是智慧勝常；打不破，是道力薄弱。道力是實在的東西，不是僅靠觀察可以得來的。

原文　而一般人所犯的纏綿歌泣，顛倒夢想，以及沾滯、執著、迷戀等毛病，也應有盡有。

愚按 這一類的習氣，在眾生叫做病，在佛法叫做藥。未開悟者，周身是病；已開悟者，遍地是藥。藥即是病，病即是藥。當年大聖人周文王所犯的毛病，比較懺華居士，實不相上下。請觀詩經云：「窈窕淑女，寤寐求之；求之不得，寤寐思服；悠哉悠哉，輾轉反側。」如何之纏綿乎？如何之顛倒乎？如何之迷戀乎？嗚呼！此其所以成為大聖人乎。

原文 固然也許比一般人淡薄些，只不過五十步百步之間，高明有限。

愚按 不要說比一般人淡薄，就是說比一般人更加濃厚，又有何妨？豈不聞中庸說「喜怒哀樂，發而皆中節，謂之和」乎？豈不聞佛經說「煩惱即是菩提」「淫怒癡即是梵行」乎？

水不能無波，波何礙於水乎？鏡不能無塵，塵何礙於鏡乎？止水無波，案頭杯中之水耳！明鏡無塵，女子懷中之鏡耳！豈能載萬噸之巨艦、鑑森羅之宇宙乎？

原文 而且一般人不明佛理，雖然犯了這些毛病，還可以推託誤觸法網。

愚按 沒有力量打破法網，偏歡喜在法網旁邊走來走去，終究總要被他套上。

任你百般推託，也不會得到司法官的寬宥。這些眾生，真可謂愚蠢極了。

原文 至於我們這種人，却不能不說是明知故犯了。

愚按 明知故犯，這纔是大聖賢、大豪傑、大智慧、大法力人的行爲。懺華先生既久在立法院任職，如何不懂得立法精神？所謂立法精神是什麼？就是有智慧、有實力的我，用點心思，變套把戲，弄出幾章法律條文，叫我治下一般愚蠢而且懦弱的人們遵守，我自己依然跳躍於法律範圍之外，行若無事。雖有時迫不得已，裝模作樣，也等於曹操割髮代首，必定有個躲閃的餘地，方不愧爲立法的高才。假使我是個笨伯，當真的把法律條文認爲神聖不可侵犯，處處受他的拘束，礙手礙脚，一切舉動皆不自由，豈非作法自斃麼？

大禹不推翻堯舜禪讓之成規，如何能家天下乎？

劉邦不撕毀秦皇製造之法律，如何能取而代之乎？

中山不打倒千古傳統之帝制，如何能創造民國乎？

孔子不誅戮魯國聞人少正卯，如何能行政治之威權乎？

釋迦牟尼不摧折舊教婆羅門，如何能做廣大之教主乎？

學佛的人們，若專在佛法圈套中鑽來鑽去，沒有本領突破佛法之樊籬，如何以能為釋迦第二乎？

懺華居士，你若勘透世間法，自然就悟徹出世法。不敢破法執者，在世間不過做一個馴如綿羊的老百姓，如何能做名聞世界的偉人乎？在佛國不過做一個可憐可憫的小眾生，如何能證驚天動地之佛果乎？

試重宣此義而說偈曰：

你若不知法，如何敢犯法；若知一切法，何必守死法。要做大偉人，先須破人法；要成後世佛，須破前佛法。能破並能立，方見真法力；無法又無力，破不可收拾。

原文 這究竟是甚麼原因？

愚按 這就是自眾生到佛果中間必由之歷程，也就是佛法組成中一部分必要之原素，用不着問他的原因。

原文 有甚麼方法可以對治？

愚按 既然是必由之歷程、必要之原素，更用不著甚麼對治。就認定這條路，一直走去，登選佛場，參加海會，競爭投票可也。若用石頭壓艸，必定枝節橫生； 若要斬草除根，未免大煞風景。就算你做得好，亦不過像古人說的話，「枯木倚寒巖，三冬無煖氣」而已。這也未必就是佛法。

原文 法師慈悲，請加以教誨。

愚按 此等問題，若是普通法師、居士們回答，必定多說，歷劫以來，習染太深，一時不易解脱淨盡，必須皈依三寶，發心懺悔，謹守戒律，誦經持咒，仗佛力加被，然後種種業障，方能逐漸消除。或者又說，五濁惡世，修行不易，必須念佛往生，到了西方淨土，見佛聞法，方好修行。諸如此類的老僧常談，旁人聽了也許有點用處，懺華居士聽了，都是隔靴搔癢，毫不相干。

太虛法師，我知道他是一個佛教革命派，或者不至於弄出這些婆婆媽媽的話來。然而究竟是如何回答，我没有看見他的原信，不便評論。但據我的理想，他雖然是個革命派，到底還是個佛教徒，總不敢離開佛教的立場，大膽地說幾句話。要知道懺華居士已經鑽到這許多圈套中間，重重束縛，跳不出來。若在加上幾層圈套，豈不是要他的命麼？

到了這樣緊急關頭，非得我們外道來醫他一下，是不會起死回生的。試擬醫案如後。

黃懺華居士，本性智慧頗深，據其自言，生死名利關頭，看得清，打不破，且易犯纏綿歌泣、顛倒夢想、沾滯執著、迷戀諸病。考其病原，由於先天不足，後天失調。先天不足，故身中道力欠充；後天失調，故理事不能無礙。道力欠充，故關頭難於打破；理事既礙，故諸病遂致叢生。雖亦自知病狀，各處求醫，奈大醫王久已謝世，時醫所開方藥未必適合病情。僕與居士，相知有素，認症較清，今特不辭毛遂自薦之嫌，敢獻愚者一得之技，疏方備用，庶起沉痾，就正高明，尚希載酌。

佛即覺一錢　覺即迷一錢　迷即理一錢　理即法一錢
法即事一錢　事即病一錢　病即悟三錢　悟即修四錢
修即殺五錢　殺即盜六錢　盜即淫七錢　淫即證八錢
證即道九錢　道即力一兩　力即魔一兩　魔即佛一兩

右藥十六味，不可加減，依前後次序，陸續放入金剛罐中，用無根水煎湯，常常服之，則諸症自愈，百無禁忌。

附記 此方乃對症發藥，只許懺華居士本人服用，其他一切人等，不可嘗試。若誤用者，小病變大，大病無救，開方者不負責任。

另有藥解一篇，暫緩登出。好在前六味藥，懺華居士早已服過，所有炎涼之性、甘苦之情，諒必深悉。此刻應該研究者，從第七味「病即悟」入手可耳。

請注意 此方不是台教下所說的「六即佛」，亦不是宗門下的機鋒語錄，簡直是打倒上帝、推翻祖師，一種偷天換日的手段。鈍根小器，決難承當，讓他法華會上五千退席而已。

載民國二十四年（一九三五年）三月十六日揚善半月刊第二卷第十八期（總第四十二期）

讀高鶴年居士名山遊訪記

陳攖寧

我與高居士一別，有十幾年不見面了。前幾天蒙高居士的盛意，惠贈我名山遊訪記兩部，不勝感謝。當時轉送一部與同好者，留一部自己閱看。

未曾細讀，先把這兩本書從頭到尾，大略翻一遍，就覺得很奇怪。有許多話不像是高居士自己說的，似乎別人家在那裏畫蛇添足，塞了不少的葛藤進去，未必完全合於高居士的本意。我看着要替居士叫一聲冤屈，但不知居士自己作何感想？

名山遊訪記卷首有四幅照片，每一幅照片上有四句偈語，是高居士自己做的，是我在二十年前代他寫的。還有草帽子上「慚愧」二字，也是我寫的。我深知高居士是個宗門健將，最講究真參實悟，雖然不喜歡賣弄口頭禪，然而也不像普通一般的居士們，開口就是「阿彌陀佛」。因爲他到底是個禪宗，不是專門修淨土的。現在我打開名山遊訪記一看，差不多變成專門淨土宗的著作，處處提倡念佛，並且揚淨而抑禪。如原書卷四第十九頁，引真歇禪師語云：「宗門大匠，已悟不空不有之法，秉志孜孜於淨業者，得非淨業見佛尤簡易於宗門乎？」這是一個看不起宗門的。又如原書卷五第四十二頁，引永明壽禪師語云：「有禪無淨土，十人九差路；陰境若現前，瞥爾隨他去。無禪有淨土，萬修萬人去；但得見彌陀，何愁不開悟？」這又是一個看不起宗門的。其餘文句，未能悉舉。高居士自己就是宗門，究竟對此有無異議？請你不要爲古人所瞞，不要爲今人所誤，要從頂門上透出一隻眼睛來，由皮毛直看到骨髓裏去方好。

據我的愚見，這兩位禪師，說話都有毛病，都不徹底。修淨業是希望見佛，參禪的是不許着佛相，如何可以說「淨業見佛尤簡易於宗門」？難道古來許多宗門祖師，表面上假裝作「聖諦亦不爲」，而他們心目中猶求見彌陀而不可得乎？

「禪」與「陰境」，勢不兩立。有「禪」就無「陰境」，有「陰境」就無「禪」。既說有「禪」，又說「陰境若現前，瞥爾隨他去」，我不懂這是什麼禪，莫非是「野狐禪」「老婆禪」麼？一部六祖壇經，都是有禪無淨土，請問六祖亦隨陰境而去否？

若依這兩位禪師的判斷，凡是修淨業的，無須再去參禪，而參禪的必定要歸到淨土一門，方有著落。如此說來，禪宗簡直没有獨立一宗之資格，把他取消了拉倒，何必留在世上害人？

讀卷三第二頁有云：「濂溪開宋儒程朱道學之門，而實得之於東林、壽涯二禪師，故宋儒之學，多本於禪。迨後門户見深，反加詆毁，則諸儒數典忘祖之過也。」這幾句話，不像高居士的口氣，恐怕是那位先生增添進去的。今用他老調子删改數字，以就正於學識淵博之士。其文如下：「禪宗開釋氏頓法之門，而實默契於柱下、漆園兩部書，故釋氏之學，多本於老莊，迨後門户見深，反加詆毁，則佛徒尊己卑人之過也。」

卷首四幅行脚圖下面，都有一首五言絕句詩，不知是何人手筆？文詞雖好，但非高居士本旨，試爲比較排列於後，以備學者參詳。

高居士原作之一

踏遍谿山問所圖，探玄擇要是何如。長安大道當歸去，慚愧而今尚半途。

某君和作

長空何耿耿，睠顧亦恢恢。淨土眼前是，偶然立一回。

高居士原作之二

遍歷名山訪至人，飄飄雲水不沾塵。芒鞋踏破天邊月，竹杖挑回海上春。

某君和作

榔栗横擔後，期爲五嶽遊。只憑腰脚健，悟境在前途。

高居士原作之三

抖擻精神學坐禪，隆冬樹下一蒲團。慚愧此心如不了，廿年空費草鞋錢。

某君和作

一髮乾坤際，而今乏道場。安心能打坐，無處不西方。

高居士原作之四

百重雲水萬重煙，隨地安身到處眠。漫說有家歸未得，雙舒白眼望青天。

某君和作

大夢誰曾醒，惟看佛眼開。此身原不垢，何礙貼塵埃。

今按原作第一首說「長安大道當歸去」，不是說「西方淨土當歸去」。某君和作，把「淨土」兩個字搬出來，恐怕不合高居士的本旨吧。若說「長安大道」就是指淨土而言，我倒要請問高居士，爲何不老老實實提明淨土，偏要弄些狡獪名詞，說什麼「長安大道」，矇混學人？

原作第二首說「飄飄雲水不沾塵」，某君和作，有「悟境在前頭」一句，此句有點不合高居士身份。果如某君所說，高居士全身都是拖泥帶水，如何能「不沾塵」乎？

原作第三首說「抖擻精神學坐禪」，可以見得高居士本意是要學坐禪，不是要生西方。雖說禪無坐相，然而坐不妨禪，本是活潑潑地。若如某君所言「安心能打坐，無處不西方」，是一面在打坐參禪，一面又念念不忘西方，尚成其爲禪乎？難道達摩當日傳來的心印就是「阿彌陀佛」四個字麽？

原作第四首說「雙舒白眼望青天」，某君和作云「惟看佛眼開」。我不懂「佛眼」二字，是何所指？若說指高居士，料定高居士不敢承當，因爲他自己明明說是「白眼」，不是「佛眼」。若是指別人，請問誰有佛眼？若是指佛，請問佛在何處？若說佛在西方，請問西方在何處？若說西方就在心中，請問心在何處？

禪宗名爲教外別傳，本有他獨立的資格，用不着倚靠旁人家門户。後來一般佛教徒，偏喜歡騎牆見解，大唱其禪淨雙修，於是淨土宗的教義，遂侵佔禪宗坐席，幾幾乎有取而代之之勢。而參禪的居士和尚們，亦心甘情願投降於淨土，豈因淨土宗之教義柔和遷就、婆婆媽媽，較勝於威猛之棒喝乎？或因極樂世界之七寶莊嚴、九品蓮臺，能令窮苦禪和子們動欣羨之意乎？或當真的像印光法師所說，現在衆生，都是劣根，没有一人堪承受正法眼藏乎？若果如此，只須關起門來，躲在家中，朝朝暮暮，念幾句「阿彌陀佛」，等死而已。何必經年累月，涉海登山，擇友尋師，參求向上？到了結果，毫無把握，反不如他們念佛老太婆，千千萬萬，没有一個不往生西方。然則行脚參訪，所爲何事？奉勸淨土宗，不必再拿什麽「上品上生，上品下生」一類的話來誘惑禪宗中人，在淨宗是佛說的，在禪宗都認爲是魔說的。

落了，攖寧自己既不修淨，亦不參禪，何必說這許多廢話？因爲看見當今時代，禪宗太冷淨宗太囂張了，所以立在旁觀者地位，打一個報不平，未免葛藤之上又添些葛藤。

高居士，你弗要笑我在魯班門前弄斧頭、孔夫子家裏賣書箱，你只把我這些語言當作「乾屎橛」看，就完了。

封面上九得歌，做得很好，可以稱得高居士知音，可以值得我們欽佩。

載民國二十四年（一九三五年）十月一日揚善半月刊第三卷第七期（總第五十五期）

戊子年改訂本名山遊訪記讀者須知

陳攖寧

本書性質，與尋常遊記不同。余觀昔人遊記，每多有意爲文，而不注重寫實。縱有模範山川、刻畫景物者，亦徒供一時玩賞之情，於讀者未必有何裨益。本書力矯此弊，凡關於立身處世之格言，見性明心之開示，觸機流露，不厭其煩。而且足跡所到地方，對於民間疾苦，及水利、農墾、森林、種植等事，尤特别注意，不僅以遊記見長也。

昔賢遊記，散見文集之内，不過寥寥數篇。近代各家，雖有紀遊專書，只是偶然興會所到，忙裏偷閒，於少數名山，走馬看花，淺嘗輒止。歲月既嫌短促，遊蹤常多遺憾。古人雖有「五嶽歸來不看山」之語，其實域内名山，何止五嶽？即如皖之黄山、白岳、天柱、九華，浙之天目、天台、雁蕩、括蒼，蜀之峨嵋、青城，陝之終南、太白，晉之五臺，魯之勞山，贛之匡廬，鄂之武當，閩之武夷，粤之羅浮，滇之雞足，其中多有勝過五嶽者。讀本書一周，不啻身歷其境矣。

本書各篇，有年月日記載詳明者，亦有記載簡略或未記月日者。因遊記之作，與普通日記不同。日記乃按日而記，遊記大半是事後追憶而筆之於篇，日期偶或遺漏及錯誤，亦不足怪。改訂本凡遇路線、地名、里數、日期、膳宿處所等，皆細心校勘，以期無誤，蓋欲使後來學人繼高居士而起者，有所依據，不致迷途也。其有事隔多年，雖作者本人亦不能確實指定者，只得從略。

世人每以高居士比明末之徐霞客，余則以爲同而不同。徐之天性好遊，殫畢生精力，搜奇探險，有洞必鑽，逢巔必陟，胼胝竭蹶，艱苦備嘗，且時遇盜賊饑寒之患，後得足疾，不良於行，由滇省乘肩輿百五十日至鄂，由鄂乘船返里江陰人，竟以是終，壽五十六歲。遊蹤始於萬曆丁未，止於崇禎庚辰，前後共三十四年，光陰皆在遊中消逝，是僅以遊爲目的，別無作用，勞神傷財，身心皆不得實益。所堪流傳者，只一部遊記，尚殘缺不全，甚可惜也。高居士遊蹤亦遍域内，自光緒十六年起，至民國十三年止，前後共計三十五年，皆與名山結不解之緣。十四年乙丑，至今年己丑，又過廿五年矣，每年忙於救濟事業，無暇再引起芒鞋竹杖之閒情。但鄰近諸山，亦時有往還，惟不多作記耳。高居士平日並非以遊爲目的，而着重在參訪，住山苦修，歲月頗久，較徐之遊而不訪、過而不留者，作用大有分別。高今年七十有八，壽齡超過徐霞客廿歲以上，現仍居山中做苦修工夫。其遊蹤之廣，雖與霞客相伯仲，但志不在此，余故謂其同而不同。

佛教中有理論，有工夫，有戒律。理論重在研究，工夫重在苦幹，戒律重在謹守。理論大綱，不外乎性相空有，般若業力；　戒律大綱，不外乎貪嗔癡愛，殺盜淫妄；　工夫大綱，不外乎禪宗、淨土、真言、止觀，如行脚、打坐、參公案、看話頭，皆禪宗門下工夫。　高居士已往數十年，只可說是行脚，不可說是遊山，讀此書者，幸勿作普通遊記看。

所謂行脚者，最着重在兩脚步行，無論程途如何遥遠，若非萬不得已，總要避免舟車。隨身衣物，極其簡單，旅費川資，亦不能多帶。　路線、地名、里數及膳宿處所，須要記得清楚。　本書除每篇目錄之下已標出重要山名而外，另有每篇提綱，說明由某處起脚，中間經過某處，最後至於某處。　讀者先看標題，次看提綱，再看本文，則一目了然矣。

行脚的好處，一言難盡，不言又恐讀者不能了解，反多疑惑，今特簡略言之。　佛教的人生觀，就是一個「苦」字。　苦有兩種，曰「身苦」，曰「心苦」。　身苦因爲體質不健康，心苦因爲心中多煩惱。　設若常年行脚，遠都市而近山林，勞動筋骨，飽受陽光，呼吸新鮮空氣，多飲清潔泉水，斷絕一切葷腥肉食，只以蔬菜雜糧等類充饑，日長事久，雖不求健康，而自然健康，如是則身苦可以免矣。　人在家庭中，每爲煩惱所苦，一旦離開家庭，則心境頓覺寬舒，何況數十年在外行脚之人，早已没有家庭，那裏再有煩惱？　至於心中其他妄念，雖不能完全消滅，但以所接觸者皆是淨緣，而非邪緣，其勢不足以引起妄念，並且可以阻止妄念。　工夫日深，則妄念日滅。　妄念既少，則心苦可以免矣。　行脚的好處，大概如此。　前人每有因行脚參訪而大徹大悟、了脱生死者，那是百尺竿頭再進一步的事，編首各家序文中已懇切言之，毋須再贅。

虛空無邊，星球無數，衆生無量。吾人以渺小之身軀，極短之壽命，託生於此多災多難之世界，受盡痛苦，究竟是什麽一回事？是誰做主叫我來的？父母未生我以前，我在何處？將來身死之後，我又往何處？假使說生前死後皆没有我，爲什麽中間一段忽然有我？再問現在所謂我者，是精神還是肉體？若説肉體是我，對於思想意志，如何解釋？若説精神是我，離開肉體而外，精神是否能够獨立存在？古今有許多人因爲這些問題弄不明白，所以跋山涉水，訪友尋師，雨宿風餐，忘情絕慮，要求一個徹底覺悟。世人如果心甘情願，受造化支配，一切聽其自然，那就無話可説。若有少數豪傑之士，於全世界人類無可奈何之中，定要打破悶葫蘆，跳出黑漆桶，别尋一條光明的大道，則高居士這本遊訪記，頗有一看的價值。

中華民國三十八年己丑歲孟夏月皖江陳攖寧寫於上海

載民國三十八年（一九四九年）上海國光印書局出版戊子年改訂本名山遊訪記

戊子年改訂本名山遊訪記篇目提綱

陳攖寧　校編

每篇目錄，凡起脚之處，概用「由」字；中途所過之處，概用「經」字；中途停留時期稍久，且有目的者，則用「往」字；最後所到之目的地，則用「至」字；凡遇路程不順者，概用「轉」字；凡是省界及重要地名，皆特別標出。雖爲目錄，實等於提綱。

第一篇　由南京，往皖南九華山、黃山，至浙省杭州諸山。清光緒十六年二月。

第二篇　由蘇北淮安，往山東省東嶽泰山、北京西山，至山西省五臺山。清光緒十七年春。

第三篇　由四川成都，往峨嵋山，西北行，經雅州，轉南行，經越嶲西昌、會理，入雲南界，過火燄山，渡金沙江，西行經大姚、賓川，至雞足山。清光緒十七年秋。全程共行二千八百三十三里，山上里數未算在內。成都到峨嵋山脚，四百廿八里；峨嵋縣到雅州，二百五十里；雅州到雲南界，一千三百七十五里；川、滇邊界到西雞足山脚，七百八十里。

第四篇　由昆明東行，過勝境關，入貴州界，往貴陽黔靈山。再經廣西桂林，入湖南界，經永州府，至南嶽衡山。清光緒十七年。全程共行一千九百七十四里。貴陽到桂林一段路程，篇中未載。山上里數亦未詳。昆明到滇、黔交界勝境關，四百九十三里；勝境關至黔靈山，七百五十里；桂林到衡山迴雁峯，六百五十三里；衡陽縣城到南嶽街，七十八里。

第五篇 由蘇北淮安，經揚州、鎮江，往金山、焦山、寶華山，至大茅山。清光緒十八年正、二、三月。

第六篇 由江蘇句容縣大茅山，經磬山、張公洞，沿太湖西岸，入浙省界，經長興縣，往四洲山、觀音山，至杭州諸山。清光緒十八年三、四月。

第七篇 由杭州，渡錢塘江，經山陰蘭亭、天台赤城，往雁蕩山。再經永嘉縣華蓋山、麗水縣南明山，過仙霞嶺，至閩北武夷山。清光緒十八年。

第八篇 由江西省九江縣廬山，往南昌西山。轉建昌雲居山。北行入湖北界，往鄂東蘄春四祖山，至黃梅五祖山。清光緒十九年二、三月。

第九篇 由浙省湖州道場山，往觀音山。西行經皖南廣德、宣城、南陵、青陽，往九華山。出山東南行，經黟縣，往齊雲山，至黃山。住山中二百日。出山經湯口，過昱嶺關，入浙省界，經昌化縣，至東西天目山。清光緒二十年三月至十一月。

第十篇 由浙省杭州，渡錢塘江，經山陰道上，過關嶺，經天台、黃巖，至雁蕩山，原路返至天台山。清光緒廿一年三、四月，住天台時間頗久。

第十一篇　由浙省杭州，渡錢塘江、曹娥江，經寧波、鎮海、定海，往普陀山。返寧波，轉往育王寺、天童山。再經寧波、奉化、寧海，至天台山。清光緒廿四年正、二、三月。

第十二篇　由陝省終南山，經長安，西行往郿縣太白山。經棧道入川省，至成都。清光緒廿五年七、八月。全程共行二千六百餘里，時間兩月之久。途中經過古今重要地名如下：長安、咸陽古渡、五陵原周、秦、漢君臣陵墓甚多、高陽原秦始皇造阿房宮處、馬嵬坡楊貴妃死處、五丈原諸葛孔明死處、渭水河姜太公釣魚處、連雲棧張良用計，火燒連雲棧，即此、大散關古兵家要塞、陳倉古道古語「明修棧道，暗渡陳倉」，即此、紫柏山、鐵索橋漢蕭何追韓信處、雞頭關、黃沙驛孔明造木牛流馬處、南棧道、五丁關五丁力士開山處、寧羌州、界牌關、西秦第一關陝、蜀二省交界、千佛巖、葭萌關、西蜀第一關即劍門關、武連驛、梓童縣、綿陽縣、德陽縣、廣漢縣、新都縣、成都。太白山爲國内最高之山，超出海平線一萬二千尺，山頂積雪，亘古不化，所有名山，如五嶽、峨嵋、雞足、五臺、武當、匡廬、黃山、九華、天目、天台、雁蕩、括蒼，皆不能比肩。

第十三篇　由成都，水路經彭山、眉州、夾江、樂山、峨嵋諸縣，至峨嵋山。清光緒廿五年九月。

第十四篇　金陵、京口諸山遊訪畢，遂至滬。清光緒廿九年春季。

第十五篇　由上海至北京西山。清光緒廿九年四月。船行至天津，車行至北京。

第十六篇　由北京，經保定、阜平，出龍泉關，至山西省五臺山。清光緒廿九年五、六月。

第十七篇　由山西省五臺山，西南行，經太原、平陽、運城，至蒲州永濟縣。清光緒廿九年六、七月。全程一千四百五十里，共行二十三日。

第十八篇　由永濟縣，過黃河，入陝省同州。轉北行，經韓城縣，往龍門山。返同州，西行渡洛河，經蒲城縣，往藥王山。經耀州、東西乳山，往大香山。轉南行，經三原縣，渡渭水河，至長安。清光緒二十九年七、八月。全程一千餘里，途中共行十六日，經過重要地名古跡如下：龍門山夏禹王治水鑿龍門處、藥王山唐孫思邈真人隱居修道處、涇河渭河二水濁清不同，古有「不分涇渭」之語，即此、杜曲鎮唐詩人杜甫故鄉，在少陵之側，杜甫自稱「杜陵布衣」「少陵野老」，因此。

第十九篇　由陝省長安，至終南山經冬。清光緒廿九年八月至次年二月。

第二十篇　由終南山至長安。清光緒三十年二、三月間。

第廿一篇　由長安至西嶽華山。清光緒三十年三月。途中經過古跡如下：灞橋人工所造石橋，歷代著名。古人送別至此橋，折柳爲贈、華清池唐楊貴妃賜浴處，有溫泉、新豐漢高祖、楚霸王鴻門宴處、玉泉院宋陳希夷先生隱居處。

第廿二篇　由長安，東南行，經藍關，往湘子洞。再經武關、紫荊關，渡漢江，至鄂北均州武當山。清光緒三十年三、四月。全程一千餘里，時間十八日。途中經過重要地名古跡如下：輞川唐詩家南派書祖王維隱居處，風景幽勝、秦嶺、藍關古道唐韓昌黎詩集中有詩云「雲橫秦嶺家何在，雪擁藍關馬不前」，即此處、藍橋唐裴航遇女仙樊雲英處、商州宋數學大家邵康節先生故里、湘子洞韓文公遇韓湘子處、武當山張三丰真人修道處，內家拳術三丰派發源處。

第廿三篇　由江蘇省鎮江圌山，經無錫惠泉山、黿頭渚，至蘇州虎邱、天平、靈巖、穹窿、鄧尉、洞庭諸山。清光緒三十三年三、四月。

第廿四篇　由蘇北海州，往雲台山。轉西行，經邳縣、徐州，入河南界，經商邱、開封、鄭州，至中嶽嵩山，並至少林寺。再西行，至洛陽縣。清光緒三十三年三、四月。全程一千八九百里左右，時間三十六日。少林寺，達磨祖師面壁處，外家拳術少林派發源處。

第廿五篇　由上海船行至普陀山。民國前二年八月。普陀山在中國東海，即舟山羣島之一，俗誤稱「南海」。

第廿六篇　由上海船行往九江，至廬山度夏。民國元年五月中旬至七月上旬。水程一千數百里，出吳淞口，進揚子江，逆流而上。沿途重要地名如下：蘇省之江陰、鎮江、南京，皖省之蕪湖、大通、安慶，到贛省之九江縣。江陰有要塞，鎮江有金山、焦山佛教名勝之地，蕪湖下游有采石磯唐詩人李太白酒醉捉月墮江處及東西梁山要塞，九江下游有小孤山獨立江心，形勢奇特，儼如海島及彭澤縣城城在江邊山上，極小可笑，晉陶淵明爲澎澤令，不肯爲五斗米折腰，遂罷官作歸去來辭處。

第廿七篇　由九江船行往武漢。轉京漢鐵路北上，往河北省定州。轉西行，經曲陽、阜平，過龍泉關，入山西界，至五臺山。仍返定州。民國元年七月中旬至八月上旬。定州至五臺山，約三百餘里，共行五日。

第廿八篇　由河北省定州，南下抵漢口。改船行，過洞庭湖，經長沙，至湘潭縣。民國元年八月中旬。

第廿九篇　由湖南湘潭縣，經衡山縣，至南嶽衡山。民國元年八月下旬。

第三十篇　由衡山，往長沙嶽麓山。經岳陽，至漢口，轉滬。民國元年九月。

第三十一篇　由北京往房山縣上方山。轉至涿州西域山、小西天。民國三年三月。

第三十二篇　北京遊訪畢，由京綏鐵路北行，出居庸關，過八達嶺，抵察省張家口。轉車西行，入山西界，經天鎮縣，至大同。遊訪畢，南行渡桑乾河，經渾源縣，至北嶽恒山。民國三年四月中旬至五月中旬。此行在恒山飛石窟內獨住十五日。

第三十三篇　由渾源西行，經應縣，入雁門關，至五臺山度夏。民國三年五月中旬至七月下旬。

第三十四篇　由五臺下山，西南行，經山西省忻州、太原、介休、靈石、霍州、洪洞、平陽、解州、蒲州，過黃河風陵渡，入陝界，經潼關，往西嶽華山。西行經渭南、臨潼，過灞橋，抵長安，至終南山久住。民國三年七月下旬至民國六年十月。

第三十五篇　由長安東行，過潼關，入河南界，過函谷關，經陝州，抵觀音堂。乘潼洛車東行到鄭州。轉車北上，至保定、天津等處勘災畢。由津浦鐵路南下，至寧，轉滬。往普陀返滬。復由海道至津、京放賑畢，回南。仍返終南山，轉至紫柏山。民國六年十月至民國七年夏季。

第三十六篇　往陝西鳳縣紫柏山洞中數月，出山，北行，往甘肅平涼縣崆峒山。再西行往蘭州。轉東南行，穿陝入鄂，往均州武當山。回均州，渡漢江，東北行，經南陽臥龍崗，至中嶽嵩山。民國七年秋季至十月。全程約計五千里左右，途中日期未詳，所經過地名如下：　陝省鳳縣、連雲棧北口、寶雞縣、鳳翔縣，甘肅省平涼縣、華亭縣、隆德縣、安定縣、皋蘭縣、小康、內官、蘆張、洮州、隴西縣、寧遠縣、禮縣、西和縣，陝省略陽縣、沔縣、南鄭縣、城固縣、洋縣、石泉縣、紫陽縣、安康縣、洵陽縣，鄂省鄖縣、均州，河南省南陽縣、魯山縣、寶豐縣、郟縣。　崆峒山，在甘肅一省有三處，皆非黃帝問道於廣成子之山，據研究地理者言，真崆峒山在河南省臨汝縣，距嵩山甚近，惜高居士未曾一訪；　祁山，在甘省西和縣，世傳諸葛孔明六出祁山即此；　定軍山，在陝省沔縣，諸葛孔明墓在此；　臥龍崗，在河南省南陽縣，三國時孔明隱居處。

第三十七篇　由蘇北淮安北行，至雲台山，及沿海諸島。民國七年十一月。雲台山，一名鬱林山，在江蘇省灌雲縣東北海邊，昔本海島，今已與陸地相連。古書中所謂鬱洲、郁洲、郁山，皆此一山。隴海鐵路終點，距此頗近。

第三十八篇　由雲台山海濱北行，過臨洪口，經贛榆縣，入山東省界，搭船往青島，轉至勞山。民國七年陰曆十一月至陰曆十二月中旬。

第三十九篇　由勞山返青島，經膠濟鐵路西行，往濟南，轉車南下，抵泰安縣，至東嶽泰山，並曲阜孔林。民國八年一月至二月，即戊午年十二月至己未年正月。

第四十篇　由上海船行抵漢口，轉湖南長沙，至株州、醴陵等處放賑。順禮南嶽。回滬，轉南京，往九華山。民國八年陰曆二月至五月。

第四十一篇　由皖省大通鎮，至青陽縣九華山。民國八年陰曆六月初至閏七月底。民俗相傳，閏七月三十日，方是地藏菩薩真生日。閏七月已難逢，而閏七月未必就是月大，故閏七月三十日，尤爲難逢。此歲恰值七月大，因此九華山香客、遊客，遂盛極一時。

第四十二篇　廣州遊訪畢，由廣三鐵路西行，經三水縣，至高要縣鼎湖山。民國八年陰曆九、十月。此鼎湖山，非黃帝鑄鼎處。原名「頂湖山」，後人遂誤稱「鼎湖山」，音同字不同。

第四十三篇　由廣州北行，經韶關，至曹溪。民國九年陰曆正月。曹溪爲唐高宗時佛教禪宗六祖發祥之地，今南華寺内尚有六祖肉身在。

第四十四篇　由香港船行過瓊州海峽，往海防。轉車行，經河口，入雲南界，直達昆明。順遊西山諸名勝，遂往武定獅子山。返安寧，轉西行，往大理，至雞足山。民國九年。

自昆明碧雞關，至雞足山，約行一千四百餘里，時間廿二日。途中經過重要地名古跡如下：　獅子山明太祖之孫建文帝，在位四年，被燕王所逐，逃至此處，出家爲僧、富民縣、武定縣、安寧縣、祿豐縣、廣通縣、楚雄縣、高頂山志書載，楚雄縣鳴鳳山雲泉寺，泉水甘美異常，爲南方第一，即本記中高頂山雲泉寺是、鎮南縣、白崖三國時諸葛孔明七擒孟獲，在此處立鐵柱紀功、趙州、大理縣、點蒼山雲南大理石，產於此山。山最高，在海平線一萬二千尺以上，可比陝省郿縣之太白頂，雞足山高不及此、洱海古名「昆明池」，滇池亦名「昆明池」，但滇池稍大。

第四十五篇　由香港，經廣九鐵路石龍鎮，轉往九子潭，至羅浮山。返香港，至沌門杯渡山，閉關靜修百日，出關後遊大嶼山，並往澳門。復由港乘輪往滬，轉至寧波。民國十年陰曆九月至次年春季。

第四十六篇　由浙省海門，經黃巖、臨海，至天台山。民國十一年陰曆五月中旬至七月中旬。

第四十七篇　由天台返海門，經大溪鎮、大荊鎮，至雁蕩山。民國十一年陰曆七月下旬。

第四十八篇　由安徽九華山南行，經皖南石埭縣、太平縣境，至黃山。出山經青陽縣、大通鎮、和悅洲，至鎮江金山。民國十二年陰曆五月下旬至七月上旬。

第四十九篇　由江西省九江縣，經南潯鐵路，往建昌縣，至雲居山。返九江，轉至廬山度夏。民國十三年陰曆五、六月。

第五十篇　由上海船行，抵廣東汕頭，轉車行，經潮汕鐵路，至潮州韓山。復回汕頭，往香港，至杯渡山。民國十四年一月。

第五十一篇　由浙西山中，經杭州花塢、西湖，至蘇州太湖濱、穹窿山、香山度夏。後往靈巖山，轉至揚州高旻寺，仍返蘇州穹窿山。民國三十六年春至三十七年夏。

第五十二篇　由蘇州胥門，往堯峯山。回城，轉往鎮江金山寺，慰問火災。仍返穹窿山楞嚴臺度夏。民國三十七年。

第五十三篇　由蘇州閶門，往上方山、天池山、小華山，仍返穹窿山大覺茅蓬。民國三十七年。

載民國三十八年（一九四九年）上海國光印書局出版戊子年改訂本名山遊訪記

答覆南通佛學研究社問龍樹菩薩學長生事

陳攖寧

啟者，僕僻處山中，信札往還，頗多周折。凡遇各省市寄來之問題，已經答覆者，雖不在少數，而未曾答覆之信函，尚堆積盈筐。縱願盡心竭力，以副好道諸君之雅望，奈問者前後相續，勢無了期，只得請發問諸君稍寬假以時日爲幸。

今又接揚善刊社轉到一信，僕認爲關係重要，不能不提前作答。特將原函先爲登出，與衆共見。原函如下。

前於友人處，見貴刊問答專刊一期内，有陳攖寧君答海門蔡君一函，說龍樹菩薩當初亦欲學過長生法云云。此說不悉究竟可否屬實乎？請該陳君指出此事，載於佛家大藏内何部何卷何頁何行，方知言之不謬也。

此致揚善半月刊社編輯部

幽谷散人

回示請即於貴刊上發表，不須另寄可也。

南通東鄉佛學研究社寄

攖寧按　幽谷散人，當然是個別號。此君真姓名，我不知道。今觀來函上面郵局所蓋之圖章，有「海門」二字，或者此君與蔡德淨君是同鄉，亦未可知。蔡君之爲人，太謙恭了，而此君之口氣，又太傲慢。兩位都是佛教中人，其性格不同者如此。

原函云：「請『該陳君』指出此事。」試看這個「該」字，儼有上級官長命令下級屬員的口氣，又像是地方官出告示的口氣。可惜學得不甚完全，最好改爲「仰該陳攖寧迅速切實指出此事，毋得違抗，致干未便」，那就神氣活現了。

來函又云：「此說不悉究竟可否屬實？」這句話是疑心我僞造故事。來函又云：「方知言之不謬也。」似乎我從前所說許多話，早已失了信用，不足以取信於人，今日說話必須要有證據，若尋不出證據，就算是謬言，毫無價值了。來函又要叫我指出載於大藏內何部經中。不但指出何部，並且要指出何卷；不但指出何卷，並且要指出何頁；不但要指出何頁，並且要指出何行。此君還算是代我留點餘地，筆下容情，否則更要叫我指出第幾行中第幾個字，豈不難死我麼？

僕閱道藏全書時，是在民國元、二、三年間；閱佛教大藏經時，是在民國三、四、五年間。距今已相隔二十年。所閱過的書，十分之九都不能記憶。萬萬料不到今日躲在窮谷之中，尚有人來考我大藏經的卷數、頁數、行數。此刻我身邊所攜帶的，除却行李而外，別無長物。文房四寶，尚不齊備，如何能把幾千卷大藏經整個兒搬到山裏來？主試官出的題目，又刻毒不過，論理是要交白卷子了。像清朝的科舉考試，民國的學校考試，中央的文官考試，交白卷子朋友，那一屆沒有？至多不過榜上無名而已。對於他們本人，未必發生何等妨礙，下次仍舊可以應試。假使我今日也同他們一樣交白卷子，我想也沒有什麼要緊。

但是仔細研究起來，行爲雖然一樣，結果大不相同。他們下次仍舊可以應試，我下次就不能再開口說話了。這次失掉信用，拿不出真憑實據，下次縱肯老着面皮，勉强說幾句話，其感化人心之程度，決不會有今日這樣普遍。如此一來，我多年提倡道學與仙學的精神，豈非白白的犧牲了麽？我個人犧牲尚不要緊，甚至於連帶我們老祖宗軒轅黄帝所遺傳於後世子孫的少許超人之學術亦同歸於盡，豈非更加添我的罪過麽？在佛教徒一方面看，我是個妄語者；在道家與仙家一方面看，我是個不肖子孫。請問如何是好？

天下事常常會絕處逢生。正在着急得無可奈何時，跑到樹林外兜幾個圈子，坐在山坡大石頭上，默想從前所看過的各種佛書。如付法藏因緣傳，如龍樹菩薩傳，如景德傳燈錄、指月錄等書，雖然記載龍樹菩薩用影身法，跑到王宮裏同宮女妃嬪發生關係，以及他種奇怪事跡頗多，但無從證明他是學長生術者。忽然心血來潮，想起佛典中幾段文章，足以證明此事真實不虛，足以證明吾言的確不謬。特把他默寫出來，寄與揚善刊社公開發表。閱者諸君庶幾相信「該陳某」不是個妄語者。

佛典中原文如後。

原文　龍猛菩薩，善閑藥術。餐餌養生，壽年數百，志貌不衰。

攖寧按　龍猛就是龍樹，幽谷散人既是一位佛學研究家，當然早已曉得，用不着「該陳某」再來繞舌。若有懷疑，可請教於別位佛學大家，他們必能有滿意之答覆。

原文　引正王既得妙藥，壽亦數百。王有稚子，謂其母曰：「如我何時得嗣王位？」母曰：「以今觀之，未有期也。父王年壽，已數百歲，子孫老終者，蓋亦多矣。斯皆龍猛福力所加，藥術所致。菩薩寂滅，王必徂落。夫龍猛菩薩，智慧弘遠，慈悲深厚，周給羣有，身命若遺。汝宜往彼，試從乞頭。若遂此志，當果所願。」

攖寧按　引正王跟龍樹菩薩學長生法，所以他也能活到幾百歲。他的王子王孫都已老死了，只留得最後的最小的一個兒子尚存在世間。但這個稚子的母親，必定是引正王幾百歲以後續弦之妻，決非原配。若不預先聲明，恐又要發生問題。因爲這個母親是不會長生術的，如何也能活幾百歲老而不死呢？

於是王子聽了他母親的話，跑到龍猛所住的地方，乞取龍猛之頭。其言如後。

原文　「今龍猛菩薩，篤斯高志，我有所求，人頭爲用。招募累歲，未之有捨，欲行暴劫殺，則累尤多，虐害無辜，穢德彰顯。惟菩薩修習聖道，遠期佛果，慈霑有識，惠及無邊，輕生若浮，視身如朽，不違本願，垂允所求。」

攖寧按　此段乃王子正式乞頭之文。

原文　龍猛曰：「俞！誠哉是言也。我求佛聖果，我學佛能捨，是身如響，是身如泡，流轉四生，往來六趣。宿契弘誓，不違物欲。然王子有一不可者，其將若何？我身既終，汝父亦喪，顧斯爲意，誰能濟之？」

攖寧按　此段乃龍猛允許給頭與王子之文。

原文　龍猛徘徊顧視，求所絕命。以乾茅葉，自刎其頸，若利劍割斷，身首異處。王子見已，驚奔而去。門者上白，具陳始末，王聞哀感，果亦命終。

撄寧按 乾茅葉就能把頭割下來，說得好，是菩薩之神通； 說得不好，就是魔術家的障眼法。這在乎學人自己用智慧去參悟，我不過照原文寫下來，恕我不能解釋是什麼理由。

至於龍樹不死，引正王亦不死，龍樹一死，王即命終，這也是莫名其妙的一件事。但其中有個緣故。

民國二年，月霞法師與我閒談，偶及此事。他說這位國王在龍樹門下學長生術，曾經發過願，要與龍樹同時死。所以龍樹不死他亦不死，因此王子永遠不能嗣王位，遂演出向龍樹乞頭這段公案。可惜我未問月霞法師，引正王發願之語出於何書。

以上所默寫的五段原文，足以證明「該陳某」在揚善半月刊第四十二期「問答專刊」上面答覆海門佛教淨業社蔡德淨先生之問，是沒有錯誤，不是隨自己意思捏造的。若定要問我究竟出於佛家大藏內何部何卷何頁何行，那分明是考我，只好拼着交白卷子。我身邊没有全部大藏經，此事須得請求幽谷散人並讀者諸君諒解。

再者，龍樹號稱「千部論師」。這個名字，學佛的人們都知道的。我現在要問一句：一個人做一千部書，要多少年方做得完？ 平均算一年做二部，一百年做二百部，一千部書也要費五百年光陰。況且他不是出娘胎就會動筆，總要先學幾十年。又如大智度論這部書，亦是龍樹所造。鳩摩羅什以秦人好簡，故裁而略之，已有百卷。若備譯其文，將近千有餘卷。試思僅此大智度論一部，就非幾十年工夫做不成。尚有九百九十九部書，請問要多少年方能竣事？龍樹的壽命，起碼也得五百年，或許超過此數。他若不學長生之術，如何能到此年齡？這是顯而易見的事，用不着什麼證據。若再要求證據，這位先生腦筋未免太簡單了。

現在世上人都抱着短命的思想，所以世事越弄越糟，只有用長生之學說可以稍爲補救補救。這也是一種善意，並非惡意。我不懂一般佛教徒專門反對長生，硬要走短命這條路，究竟是何用意？

載民國二十四年（一九三五年）八月十六日揚善半月刊第三卷第四期（總第五十二期）

與蘇州木瀆法雲寺住持嘿庵法師討論佛學書

汪伯英 作 陳攖寧 按

嘿庵法師慧鑒：

在周莊皈光蓮社，深蒙不棄，辱承指示，曷勝感激。而因時間局促，未能作終日談爲憾。記得當時與諸君子指龔、繆、唐諸居士共論心病、身病之說，竊以爲空談不如履實，目見勝於耳聞。蓋有治心病者而不能治身病，亦有治身病者而不能治心病。夫以今日之佛學家，類多注重心病，而略於身病。雖云「心病既愈，身於何有」，然此乃大徹大悟，當下克證涅槃者，方足語此。下焉者，恐知之而未必能行，悟之而未必即證。故每多大通宗教之法師、居士，已悟一切唯心，三界唯識，三途六道，九品五乘，皆在自性之中。心包太虛，法身無際，然而他生老病死，同於常人，衣食住行，不異俗子。若有疾苦，亦須延醫服藥，未必真能解脱。**攖寧按** 伊等有時尚要吃點補品，如西洋參、白木耳、桂圓、蓮子等。心外有物，物外有心，心物二者，不能渾融，而有差別。此蓋醉心於空談，而不注意於實踐。知上達之理，而忽下學之功。故必濟之以黃老之學，不棄色身，亦不戀色身；不即說空，亦不離說空；合之則雙美，相得乃益彰。此道學所以爲吾國無上之國寶也。而今法師視道家長生之術爲毒藥，不知何所見而云然？夫道家之以色身證長生，乃初步工夫也。繼則由色身透出法身，再則由法身融化色身。一步有一步工夫，一層有一層效驗，如人飲水，冷煖自知，不尚空談，皆重實證。苟明其理，而信受奉行，即生可以成佛，非如淨土宗之必須往生西方，經若干劫後而始有成就也。

法師又云：「學佛可以成佛，學道只能生天；佛則超出三界，天在六道之中。」請問學佛者所學何事？豈非學其空三心、泯四相、破法執、除我慢，使無明盡淨，惑業全消，然後乃能超出三界，而不入輪迴。若今之學佛者，有幾人能脫離生老病死之苦，超出衣食住行之外？若此諸問題，都未能解決，則無明惑業，安能盡淨？即生既未能成就，而往生之後，再經幾時爲佛，亦無從證明。今學道者，以法攝先天之氣，融化一身之濁精，使生男育女之物，變爲成仙作佛之基，當下淫根斬斷，慾念渾忘，所謂精化爲氣也。此氣與尋常之氣不同，能充實藏府，調和營衛，摩頂放踵，晬面盎背。再靜以攝之，大而化之，則「氣滿不思食」見道經，「食氣者神明而壽矣」見孔子家語。然後復鍊氣化神，用靜定止觀之法，效釋迦之枯坐雪山，學達摩之面壁禪寺，久而久之，則所謂「靜極光達通，明極即如來」。不食者不死而神，無相則妙相自現。佛法乎？道法乎？成佛歟？生天歟？豈一切名相所能範圍之哉！孔子云「先天而天弗違」，老子云「無名天地之始」，若何能必其只可生天，而不得超出三界之外哉？**攖寧按** 到了此等程度，三界即在法身之中，等於全體一毫毛耳。若再言出三界，便成笑話。且云佛云仙，實已落於名相，爲萬物之母，而非天地之始矣。故禪宗每有「『佛』之一字，吾不喜聞」與「將三世諸佛一拳打倒餧狗子吃」等口號。佛道根本原理，孰能歧視之？

法師既薄視精氣神，敢即請問精氣神爲何物？夫人在世間，誰能離精氣神而生存？惟以後天者，精爲濁精，氣爲粗氣，神爲識神，必以湛然靜定、至誠專一之法，依次鍊之。於是精爲元精即化氣，氣爲元氣即化神，神爲元神即返虛。其最後一步，是謂鍊虛合道。若以佛法名之，亦可謂鍊虛合佛。即所謂粉碎虛空，大地平沉之境界也。且夫道之所謂元神者，即佛之所謂法身；而儒之所謂道心者，即佛之所謂菩提心。至其證果，在釋則謂之「佛祖」，謂之「菩薩」；在道則謂之「金仙」，謂之「真人」；在儒則謂之「聖人」，謂之「神人」。有時偶亦互稱，如孔子以佛爲西方聖人，而以堯、舜、禹、湯爲東方聖人。夫西方之佛，既可稱聖，而東方之聖，自亦可云佛。況佛視眾生皆是佛，無法執，無我執。禪宗不立文字，直指人心，見性成佛，豈肯因名詞之不同，而據判斷謂不能出三界、脱輪迴哉？孟子云：「君子亦仁而已矣，何必同？」蓋聖人智慧圓通，無偏無黨，佛法豈可刻舟求劍、膠柱鼓琴哉？小子前者，本擬皈依法師，奈皈依之後，即不準研究教外文字及道家學識，以是未敢造次，恐有違教典耳。

或問：「今如印光法師、范老居士指古農、江易園、丁福保諸先生等，皆飽學之士，佛道之優劣，彼豈不知？何待爾區區小子，舞文弄墨，效豐干之饒舌乎？」余曰：「智愚千慮，各有得失。諸君研求佛學，詳究教海，遂覺得博大精深，無以復加。而不知一人之見識有限，世間之真理靡窮。諸君子長於佛典，而忽於道學，智者之失，亦容或有之。譬昔韓、歐，在儒家中，文望尊隆，學者仰之，如泰山、北斗，而對釋氏則大加排斥。彼豈有憾於釋氏哉？蓋於釋氏之學，未極深研幾也。諸公之於道家，殆亦然乎？小子才疏學淺，於不知者，不敢以爲知；既知者，不敢以藏拙。蓋愚者之所得無幾，自不能韜光養晦，且急欲求教於諸先覺前，冀得一公平判斷。此區區之志，所以不得不鳴，而不容默爾者也。諸君子苟不拘守門庭，而能破除法執，明以賜教，則又幸矣。再者，淨土法門，小子亦頗贊成，行住坐臥，念佛以束心，臨終設助念團利亡者，以聞識靜意識，以耳根攝心根，是誠增上之法，有益無弊。惟與即身成道者相較，則一實一虛，一速一遲，一成就於生前，一有待於身後，自不能無差別也。」

或謂：「學道貴乎一門深入，今吾子忽儒忽佛忽道，誠恐其一事無成也。」余曰：

「一門深入，固爲美談，入主出奴，亦傷雅量。三教之學，各有至理，苟循其道，皆可超凡入聖。强分是非，徒生門户之爭，恐三教教主，均不直是舉也。余之亦儒亦佛亦道者，蓋以儒、佛、道三教爲一理，不存歧視也。惟其中間有取捨者，在儒則敦其倫常，於道則取其方法，皈佛則遵其戒律，或有可以相須而互用者，則用之而不敢滯，惟取其緣之增上耳。」

以上一篇文字，讀者諸君如有不贊成處，務請來函指教。或反對，或辯難，只要有充分理由，一概歡迎，鄙人決不自以爲是，而存一種我見也。賜示請即直寄翼化堂書局轉交可耳。

陳攖寧增批　本刊大部分文章，都是對付佛教。精神白費了，未免可惜。凡是鑽到佛教門中的人，皆是没有資格踏入仙道，縱然把他們勸得回頭，亦無用處。但在當日的情形，却又不能置之不理。因此本刊内關於仙佛辯論之文章，若搜集在一處，可以成爲專書，必定有一厚册。差不多佛教即是仙道唯一之敵人，思之亦甚可笑。

載民國二十五年（一九三六年）一月一日揚善半月刊第三卷第十三期（總第六十一期）

辨楞嚴經十種仙

陳攖寧

附告　楞嚴十種仙說，自唐至今，約一千二百三十年。歷代以來，仙學中人讀楞嚴而灰心變志者，當不可勝計。凡夫俗子更因此輕視仙道，而偏讚佛法之無邊。其對於仙佛二門略有所得者，亦僅認仙道爲學佛的一種方便之過渡，最後仍當以歸佛爲究竟，如性命圭旨等書，即其代表之作。目下全國居士界，嗜仙學者頗不乏人，屢被淺識的佛教徒所訶斥，每藉楞嚴經爲泰山壓頂之神威，而居士輩遂噤若寒蟬，不敢抗辯矣。余納悶已久，亟欲一吐爲快，因作此篇，聊伸己見。既脫稿後，刪之又刪，改之又改，理論雖不妨駁詰，辭氣則傾向和平。蓋已預留仙佛兩家將來妥協之餘地，故未忍出全力以相搏，免致佛教學理上基礎之動搖。世倘有得他心通或宿命通之大善知識乎，畏前因而泯後果，必能深諒於愚衷。

楞嚴正脈云：「夫仙道起於眾生厭懼無常，想身常住，妄設多途，無非志於長生不死。不知此身乃真心中顛倒錯認。略。今因怖死而又妄修長生，是錯之又錯，展轉支離，迷不知返，可勝惜哉。」陳攖寧增批　楞嚴正脈乃楞嚴經註解之一種。

攖寧按　世上人都是醉生夢死，很少有志於長生不死之人。吾國四萬萬同胞，心中真正希望達到長生之地步者，全國至多不滿一千人。就算他們是妄想，何故普通人連這點妄想也沒有？難道除却一千人而外，其餘三萬九千九百九十九萬九千人，都成了正覺嗎？都把妄想消除淨盡嗎？老實說一句，這般無志氣無魄力可憐的羣眾，他們認爲有生必有死，是天經地義，非人力所能反抗，老早就服服帖帖，心甘情願，聽宇宙定律所支配。問到他們的結局，若不是追隨釋迦牟尼同入大涅槃，便是被阿彌陀佛把他們全數接引到西方極樂世界，用不着大和尚爲他們擔憂。

再按　釋迦牟尼當年出家修行之動機，何嘗不是因爲厭懼無常而起？出東門在路上遇着一個老朽，出西門在路上遇着一個病夫，出南門在路上遇着一個死屍，然後纔發心入山，勤修苦行。可惜他老人家鴻運欠佳，不投生於中國，而投生於印度，所遇到的兩位導師，學問不見得怎樣高明，故對於免除老、病、死三苦，實修實證的工夫，尚未能十分徹底。他老人家一齣拿手好戲，搖旗吶喊，鳴鑼擊鼓，整整唱了四十九年，就是一個「覺」字。我並非說人生不應該有「覺」。所引爲遺憾的，就是除了一「覺」以外，沒有絲毫免除老病死的方法。參禪吧，修觀吧，誦經吧，持咒吧，都不能達到這個目的，徒然一覺，又有什麼用處呢？ 現在的人們，更來得乾脆，索性連「覺」也不要了，一聲「阿彌陀佛」，就立刻把你送上西天。

楞嚴正脈云：「西竺上古外道，宗摩醯首羅天爲主，及佛出世，號『一切智人』，隨機權立，尚列人乘，豈無仙道？ 亦聞觀音爲仙乘教主也。」

攖寧按 摩醯首羅天，即所謂「大自在天」，乃印度民族所崇拜之神，與中國人不相干涉。佛雖然號「一切智人」，亦只能了解印度事情，而不能了解中國事情。佛教人乘，比較儒教，欠缺實多，而且佛並不知有仙道。觀其結局，生、老、病、死四件事，亦無異於常人，豈不與當年出家修行之初心相違悖嗎？ 若說這些現象都是示現，而非真實，請問世間事那一件不是示現？ 只許佛教示現無生，不許仙教示現長生？吾人說到長生，就要受佛教徒種種批評？ 「守屍鬼」「未出三界」「終墮輪迴」，這些惡語，未免太不公平。

觀音在這個世界，無歷史可考。民間傳說「是妙莊王第三女，名曰『妙善』，在汝州龍樹縣白雀寺爲尼，死而復活，又到惠州澄心縣香山隱身修鍊」等語，盡屬無稽。非但我們不信，連佛教自己人也不信此說。觀音只可以爲一般念佛善女人的教主，不可以爲仙乘教主。因仙乘教主要有歷史可考，又要有仙學著作流傳，我們方能承認，不是隨便就能做的。

楞嚴正脈云：「顧此方大乘機純，小乘猶不傳習，豈務雜乘？故藏教未聞其至也。」

攖寧按　吾國人性習，喜空言而畏實踐，故特別歡迎大乘，而厭惡小乘。因爲小乘佛教雖不敢說決定能免除老病死諸苦，却也要做一番工夫。懶惰的人們，只曉得唱高調，而不肯下苦功，所以到今日樣樣事都落了後塵。試觀魏晉之間，何晏、王弼、王衍諸公，放棄世務，專談玄理，浸成風氣，遂以清談誤國，此即大乘佛教之前驅。宋儒雖極力排佛，但說到「心性」二字，總與佛教糾纏不清，甚至墮入佛教大乘經義圈套中而不自覺。明排之，適以暗助之，而大乘佛教遂儼然把握着吾國人心性界無上之權威。所最不可解者，秦漢以前，佛教未入中國，唐虞三代之政治淳良，民情敦厚，遠非後世所能及，而且版圖一統，無河山破碎之羞。自佛教東來以後，將如此大乘高深之哲理，薰陶全國億兆之人心，更應該功邁唐虞，德超三代。何故國步日益艱難，民俗日益澆薄，民生日益憔悴，民氣日益衰頹，有五胡十六國之亂華，有南北朝之分裂，有後五代之割據，有遼金辱國之耻，有元清滅漢之痛，有列强侵略之虞。所謂「此方大乘機純」者，亦不過如此而已。

楞嚴正脈云：「此方仙道與儒同源，而老莊皆儒之太上清淨者也，學仙者附會及之。」

攖寧按 吾國仙道，始於黃帝，乃是一種獨立的專門學術，對於儒教無甚關係，而比較老莊之道，亦有不同。後來仙學書籍，固不免有附會老莊之處，但只採取老莊一部份修養方法，而非全部接受他們的教義。老子「大患有身」「絕學無憂」之旨，莊子「謬悠曼衍」「荒唐謬詭」之辭見莊子天下篇，對於後世製造佛經的工作，其助力實非淺鮮。本是舶來，偏稱土產，於是釋迦文佛遂成爲老子之化身；本是國貨，冒列洋裝，於是起信、楞嚴遂高踞叢林之講座大乘起信論、楞嚴經二書，在今日佛學研究家多數人眼光中，認爲二書都是中國人自己製造的。

楞嚴經本文云：「阿難，復有從人不依正覺修三摩地，別修妄念，存想固形，遊於山林人不及處，有十種仙。」

正脈云：「從人者，但從人身修，即人身證，非局前十類之人。正覺即本覺真心，三摩地即首楞正定。不如是正覺正修，而邪悟五蘊身中有性命可修養之使長不死，所謂存想固形。十類修法不同，而存想固形乃總妄念也。」

攖寧按　世上人們，不想靠自己力量實修實證，而妄念西方有個極樂世界，妄念死後阿彌陀佛來接引我去，妄念往生淨土求免輪迴。把自己死後杳無憑據之妄念認作實事，把別人生前實修實證之功行當作妄念，何其顛倒是非乃爾！

楞嚴經本文云：「阿難，彼諸眾生，堅固服餌而不休息，食道圓成，名『地行仙』。」

正脈云：「此言餌者，蓋炮鍊和合爲丸作餌之意；於此服食而得功效，故曰『食道圓成』；地行仙者，但百體康壯，壽年延永，而未得輕飛，止於地上行者也。」

攖寧按　果如正脈所言，有此功效，亦不過像世上人吃幾料膏丹丸散大補藥，使身體强健，多活幾年而已。充乎其量，不過到百歲左右，名之爲仙，未免過分。此種人只能安居於城市山林，不能如後文所言「休止深山，或大海島，絕於人境」，亦不能有千萬歲之壽命。做楞嚴經的人，是門外漢，遂致理想與事實不合。

楞嚴經本文云：「堅固草木而不休息，藥道圓成，名『飛行仙』。」

正脈云：「草木，如紫芝、黃精、菖蒲、松柏之類，久服身輕，行步如飛。」

攖寧按　這一類是吃生藥而不吃煙火食的人，幾百歲壽命，不成問題，若如後文「壽千萬歲」之說，却非事實。

楞嚴經本文云：「堅固金石而不休息，化道圓成，名『遊行仙』。」

正脈云：「堅固金石，如烹煎鉛汞、鍊養丹砂，號『九轉大還』者是也；　化道遊行者，化銷凡骨而成輕妙之身，瞬息萬里，周行不怠者也。」

攖寧按　這一種可以算是真正地仙，今世很少得見。而佛教淨土宗死後生西者，則多至不可勝數。

楞嚴經本文云：「堅固動止而不休息，氣精圓成，名『空行仙』。」

正脈云：「堅固動止者，如撫摩搬弄、運氣調身、動靜以時、起居必慎者也；　氣精圓成者，所謂鍊精還氣、鍊氣還神、鍊神還虛也；　空行者，方是羽化飛昇，虛空遊行也。」

攖寧按　果如正脈所云，亦不過按摩、導引、搬運之類，僅能達到衛生却病之程度，談不到鍊精還氣、鍊氣還神。若根據此等方法，希望羽化飛昇、虛空遊行，何異於癡人說夢？此等工夫果能成仙，空中早有仙滿之患，可見楞嚴經作者對於仙道完全不懂。

楞嚴經本文云：「堅固津液而不休息，潤德圓成，名『天行仙』。」

正脈云：「此是吐故納新，如環師所謂『鼓天池，嚥玉液』是也；能令水升火降而結內丹，故曰『潤德圓成』；此復超空行而至天上，故號『天行仙』也。」

攖寧按 經文僅有「津液」二字，註文又添出「吐故納新」四字，未免蛇足。須知吐故納新是指呼吸而言，不是指津液而言。而且徒恃鼓天池、嚥玉液，沒有別種工夫幫助，亦不能結內丹，更不能超空行而至天上。作者把這件事看得太容易，的確是個外行。

又按 正脈在此處已經承認仙能上天，故云「超空行而至天上」，而在後文又說「天趣與仙趣迥然不同，世人仙天不分，而學仙者濫附於天，且謂諸天皆彼祖仙。今略辯之：仙以人身而戀長生，最怕捨身受身。諸天皆捨前身而受天身，豈其類哉？又仙處海山，如蓬萊、崑崙，皆非天上，四王、忉利尚無卜居，況上界乎？況色界乎？是知天趣最爲界內尊勝之流，迥非仙與鬼神之類也。」據此一段議論，仙又不能上天矣。前後見解，自相矛盾，可笑之至！

楞嚴經本文云：「堅固精色而不休息，吸粹圓成，名『通行仙』。」

正脈云：「朝閉目以向東方而採日精飲之，夜採月華，乃至服五星等，是謂『精色』；而言通行者，亦以精神流貫而與造化交通也。」

楞嚴經本文云：「堅固咒禁而不休息，術法圓成，名『道行仙』。」

正脈云：「此專持咒自成仙道，內教持準提等亦許成仙道是也；兼以咒棗書符以愈瘡病，禁毒驅魅以利羣生等，有濟世道心，故名『道行仙』也。」

攖寧按　持咒之功效，只能愈病或禁毒驅魅，然亦是偶中而難保必驗。對於自己肉體亦不起變化，「老」「病」「死」三個字，仍不能避免。持咒若能成仙，則仙人滿街走矣。諸君若不信余言，何妨犧牲幾年光陰，自己試一試看？

楞嚴經本文云：「堅固思念而不休息，思憶圓成，名『照行仙』。」

正脈云：「環師所謂『澄凝精思，久而照應，或存想頂門而出神，或繫心臍輪而鍊丹，皆思憶圓成也』。略。予又見仙書，初繫心臍下，透尾閭，升夾脊，乃至達泥洹，方以衝頂出神，皆思憶所謂也。」

攖寧按 徒恃精思存想等工夫，在仙道中亦不能有大成的希望。至於衝頂出神，就像一粒種子放在土中，經過相當的時期，自然會破土而出芽，自然會開花而結果，並不是由思憶上得來的；又像女人十月懷胎，自然就會生出小兒，也用不着什麽思憶。若徒恃思憶工夫，將自己的神搬弄出來，那個神沒有同物質在一處煆鍊過，是個無影無形的東西，仙家名之爲「陰神」，毫無用處，亦不能衝頂而出。

楞嚴經本文云：「堅固交遘而不休息，感應圓成，名『精行仙』。」

正脈云：「環師謂『内以坎男離女匹配夫妻』是也。所謂嬰兒姹女，即坎離交遘，而取坎填離以結仙胎之謂也。略。道教末流順人之欲，故人易從；内教本來奪人之欲，故人難奉。今夫財、色、長壽，人之大欲也，道者以鉛汞、泥水二種金丹投其財色之欲，又以精氣内丹順其戀生之心，誰不樂從？至於内教檀度梵行、逆其財色之心，而又令觀身如毒蛇、棄身如涕唾，苟不達其深故，誰不難之？」

攖寧按 正脈所言「道教順人之欲，故人易從；佛教奪人之欲，故人難奉」，其言與事實不符。即以現代而論，全國僧尼約有七八十萬人，全國佛教居士約有三四百萬人，何能算少？若問真正鍊丹的同志全國中有幾個人，說出來諸君不要失笑：鍊外丹點金術的，全國尋不出二十個人；鍊內丹長生術的，全國尋不出一千人。比較佛教徒人數，相差太遠。所謂「奪人之欲，故人難奉」之佛教，信仰者如此之多；所謂「順人之欲，故人易從」之金丹，信仰者如此之少。是什麼緣故？莫非這幾百萬人都是離欲阿羅漢嗎？否則，如何肯信仰奪人欲之佛教，而不肯信仰順人欲之金丹呢？或者西方極樂世界之可欲，更甚於神仙世界嗎？

楞嚴經本文云：「堅固變化而不休息，覺悟圓成，名『絕行仙』。」

正脈云：「此悟通化理，能大幻化，如劉根、左慈之類，甚至移山倒水，妙絕一世者，故稱『絕行仙』也。此中覺悟，如莊子觀化、譚子達化之悟，非正覺中真悟。」

攖寧按 劉根、左慈之變化，是工夫到了那種程度，自然就會運用那種神通，並不是憑空覺悟出來的。學仙的人們，只講工夫，不講覺悟，決不會單由覺悟上就能得到神通變化。因爲神通變化是與物質有密切關係，而覺悟則離開物質境界太遠，就讓你覺悟到極頂，而身外之物質仍舊一絲一毫不能改變，移山倒水，談何容易？據余所知，只有大地震的威力可以移山，只有月球的吸力可以倒海，古今修鍊成功的仙人，未必有這樣大的法力。縱然有之，亦等於魔術或催眠術一類的障眼法而已，非真能使器世間改變其位置。「覺悟」兩個字，已是捕風捉影之談，水月鏡花之比，何況於其中尚有正覺、非正覺、真悟、非真悟這許多糊塗印像。仙家只講工夫，不講覺悟，作者把佛家帽子戴在仙家頭上，可謂冤哉枉也！

楞嚴經本文：「阿難，是等皆於人中鍊心，不修正覺，別得生理，壽千萬歲，休止深山，或大海島，絕於人境，斯亦輪迴妄想流轉，不修三昧，報盡還來，散入諸趣。」

攖寧按 此段乃楞嚴經十種仙之結論，學佛的人往往根據此等見解而輕視仙道，學仙的人亦常有聽講楞嚴或閱誦楞嚴而受其愚弄，遂至自己不敢相信自己，是與吾輩所提倡之學說大有妨害，故不能不辨。

第一辨，鍊心與修正覺二者，其中界限，頗難劃清。如何是心？如何是覺？如何叫作鍊？如何叫作修？心與覺其不同處何在？鍊與修其不同處又何在？如何可以斷定十種仙只會鍊心而不會修正覺，或者只肯走鍊心這條路而不肯走正覺這條路？是不是一修正覺就把仙人的資格喪失了？一方面修正覺，同時一方面做仙人，又有什麼衝突？這些問題，表面上看來很容易回答，實際上並不怎樣容易。

第二辨，壽千萬歲之說，意義亦不明顯。究竟是千歲呢？是萬歲呢？還是一千個萬歲呢？這三種壽命之長短相差太遠，須要分析清楚，不可含糊其辭。

第三辨，十種仙中，如第一種，堅固服餌，是吃熟藥的；第二種，堅固草木，是吃生藥的；第四種，在動止上施功；第五種，在津液上運用；第六種，堅固精色；第九種，堅固交遘。他們都是有肉體留存於世，並且都是在肉體上做工夫，那些工夫的效力，僅能延長壽命，未必就能得到什麼神通。假使能夠活到千萬歲，總不能躲過世間人的耳目，他們決不會隱身術、障眼法一類的把戲，何以世間人絲毫沒有聞見？現今環球交通，極其便利，倘若深山、海島之間，有這許多拖着死屍走路的仙人，老早就被那班探險家拍出照片，傳播全球了，何以除却生番、人猿、猩猩、狒狒這些人不像人、獸不像獸的動物而外，沒有一個半個千萬歲仙人出現呢？

第四辨，佛經中常喜用「輪迴」二字概括六道眾生，如天上、人間、修羅、畜生、餓鬼、地獄，名爲六道，又叫作六凡。以爲這些眾生都不免輪迴之苦，都是凡夫境界，只有聲聞、緣覺、菩薩、佛這四種聖界，方能永遠脱離輪迴。彼等製造佛經的諸位沙門，不認識「有世界即有輪迴，無輪迴即無世界」這個根本原理，遂以私意安排，把六凡界放在輪迴之中，把四聖界放在輪迴之外，儼如秦楚交兵，諸侯皆作壁上觀的態度。又若□□□□□，歐洲閉關自守的政策。又若中國各省起革命，租界居民置身事外的心理。請問結果能倖免否？亦不過暫時苟安而已，終久是要波及的。無論他們入涅槃也罷，生淨土也罷，都不能逃這個輪迴公例。

第五辨，假使成仙是妄想，我們也可以說成佛是妄想；假使休止深山、海島是妄想流轉，我們也可以說往生西方淨土是妄想流轉。大家都是一樣的妄想，請免開尊口罷。

第六辨，「三昧」之義，即是禪定。「不修三昧」，即是不做禪定的工夫，而做別種工夫，遂招惹佛教徒的批評。其實此等批評也是一偏之見，就等於拿外國法律來裁判中國人民，那是永遠行不通的。

第七辨，「報盡還來，散入諸趣」二句，只可以說六道眾生，不可以說十種仙。彼十種仙所用十種不同樣的方法，是否就能夠成仙，這是專門仙學上的問題，暫置不論。今姑且依楞嚴經之說，一概承認他們都有仙人資格，但這種資格是由工夫上得來的，不是由福報上得來的，比較佛書所說「生前修十善業，死後投生天界，報得天福」者，大大不同。譬如甲乙二人，各有財產萬圓，甲之財產自父母遺傳，不勞而獲，乙之財產得自本人儲蓄，積少成多。經過數年之後，甲必定貧窮，而乙必定鉅富。因爲不勞而獲者，由於前生修善之福報；　積少成多者，由於今生勤儉之工夫。福報有盡時，何况加之以揮霍，故貧窮立待；　工夫無止境，何况用之於勤儉，故鉅富可期。所以五戒十善，死後生天，報盡則墮，即甲之類也；　堅固不息，仙道圓成，永不退轉，即乙之類也。須知，仙道門中，只講工夫，不講福報。講福報者，是門外漢。「報」之一字，尚不欲聞，「報盡」之說，更無着落矣。生天與成仙，本是截然兩事，未容混作一談。

楞嚴正脈：「上之十種，乃修門各別；　此之鍊心，乃操行總同。如持戒積德，救濟累功，而言不修正覺者，以不達本心真常萬形自體，又不了死因生妄、生死二非，顧乃怖死留生，長生爲號。豈覺言長僅以勝短，說生終以待滅，詎識無生之至理、本常之妙體哉？故云『不修正覺』也。別得生理者，謂於正覺外別得延生妄理。壽千萬歲者，妄修功滿，妄理相應也。」

攖寧按　「鍊心」二字之義，若果如正脈所謂持戒積德、救濟累功，是不僅圖一己之長生，而且兼能利人濟物，豈不甚善？　何必故意鄙視長生，而別唱無生之高調？壽千萬歲之說，亦不過一種希望而已，未必真能辦到。就讓他們真能達到這個地步，也不能算是犯罪的行爲。宇宙之大，何所不容？短命衆生，數量已非微塵所能計算，僅此區區十種仙人號稱長壽，然比較無量衆生，已如滄海之一粟，聽其隱藏在深山、海島中自生自滅可矣，而必欲一網打盡，使這班長壽仙人都變成短命而後快。天下最不近情理之事，尚有甚於此者乎？交光大師既不達萬化從心、我命由我，又不了生因滅起、生滅互根，顧乃怖生趨滅，短命爲榮，豈覺言短已不敵長，說滅終以待生，詎識長生之至理、神仙之妙體哉？

楞嚴正脈：「問：『世無不貪生爲樂，惡死爲苦，今羅漢、菩薩動經累劫方成，縱一生得歸淨土者，亦不免於現死。忽聞仙道現世壽千萬歲，志見不定者多興苟就之心，何以示之？』」

攖寧按　世上人都是醉生夢死，並無真正貪生惡死之人。若果貪生，決不肯縱戕生之嗜慾；若果惡死，決不敢啟自殺之戰爭。然而人類事實所表現者，每每與此相反。他們無所謂志見，更無所謂苟就，只認定生老病死是人之常理，做一日和尚撞一日鐘，幾時死，幾時算了。不管什麼羅漢、菩薩、淨土、仙道，他們眼光中看來並沒有分別。像這樣人，在世上佔絕對的多數。

楞嚴正脈：「答：『妙哉問也，誰不爲斯言所誤哉？蓋彼言現世長生者，亦約多生功滿，至末後一生方見其現得也。若推彼前身，其苦修不得而死者不知其幾世也，豈人人初修而即現得哉？若但觀其果之現成，而不推其因之久積，則佛惟六年成道，而佛會聞法者，立談之間，證果入位，不可勝數，豈獨神仙現世可成哉？』」

攖寧按 仙道之方法，就是今生現得；學仙者之志願，亦希望今生現得。以現得之希望，行現得之方法，總不能說他們是錯誤。至於前身究竟修過幾世，似無討論之必要。今生能否一定成功，亦看各人努力與否以爲斷，徒有希望而不實行，或雖實行而不努力，亦屬無濟。譬如我們有一處目的地，相距百里之遥，走得快，一日可到，走得慢，二三日或四五日可到。修仙原不限定一世成功，所怕的就是南轅北轍。仙佛兩家之爭論，蓋爲彼此目的之背馳，非因成功時間之快慢。

楞嚴正脈：「問：『初修何知必不現得？』答：『初修者，前生已成短壽定業因種，或數世仙業未圓，則無生成仙骨，故不現得。必宿世仙道染心，生生苦積功力，乃成長壽定業因種，方得生有仙骨，自然現求現得矣。是知末後成仙，必不易形，方得長生。縱令尸解，亦是隱形而去，非真死也。吴興謂其命終轉生，非是。』」

攖寧按　交大師能見到此，其學識亦自不凡。普通佛教徒常將死後生天之說解釋仙道，故有命終轉生之笑話。果真是命終轉生者，與凡夫何異？尚配稱爲仙人乎？雖然，交大師亦只能識得長壽定業生成仙骨之仙，而不曉得尚有金丹换骨轉移定業之仙，畢竟不能脱離佛教的窠臼。學仙者若果爲定業所拘，仙亦不足貴矣。

楞嚴正脈：「『休止下，明其不雜人居，亦非天上，宛然自爲同分耳。斯亦下，方是正判輪迴。是知神仙千萬歲滿，但是後死，非真不死。譬如松柏，但是後彫，非真不彫，第以過人之壽，人不見其死而已矣。』」

攖寧按　人生壽命，有長有短，平均計算，不滿五十歲。在一千年中，可容納五十歲的二十倍。在一萬年中，可容納五十歲的二百倍。如此看來，仙人的一世，足抵凡人的二十世或二百世，我們自然願意做仙人，不願意做凡人。無論將來後死與否，但求在這個一千年或一萬年中，免却許多投胎轉世的麻煩、生老病死的痛苦，於願已足。世有不厭麻煩、不畏痛苦的人，儘管隨着大化輪轉去，我們决不來强迫你們定要走仙道這條路，彼此各行其志可矣。

楞嚴正脈：『妄想流轉者，以身中本無性命主宰，而迷執爲有，生死俱如夢幻，而妄生愛憎，非妄想而何？』

攖寧按 妄想流轉者，以西方本無極樂世界，而迷執爲有。淨穢二土俱如夢幻，而妄生愛憎，非妄想而何？

楞嚴正脈：『不修三昧者，不習住楞嚴定也。報盡受輪者，以仙劣於天，天尚不出輪迴，況於仙乎？』

攖寧按 修行法門，千差萬別，豈但仙佛兩家法門不同，就以佛教本身而論，亦復分裂十宗，各執一說。自己教內尚且不能統一，如何能統一教外之思想？不習住楞嚴定，未必就犯了什麼罪過。請問全國佛教徒有幾個住楞嚴定的？不去警告自己，偏要警告別人，可謂多管閒事。論及仙劣於天，不過一句空談，並無實在證據。吾等亦可說佛劣於仙，鬧到結果，不過彼此互相輕視而已。總而言之，仙有仙的世界，佛有佛的世界，有世界即有輪迴，無輪迴即無世界。若要免除輪迴，必先毀滅世界。世界如果毀滅，仙佛眾生，同歸於盡，則輪迴不出而自出矣。請問佛教徒願意照辦否？哈哈！

楞嚴正脈：「『夫初修不能現得，得之不出輪迴，何如念佛求生西方，一生即得，金身浩劫，永出輪迴。而無緣不信者，痛哉！痛哉！』」

攖寧按　以前費了九牛二虎之力，做出五百七十餘字的大文章，和仙道諍論不休，我起初認爲交大師當真有什麼高見，誰知仍舊是老僧常談，到此處方纔露出馬脚，簡直像一般市儈拉生意的口吻。其意若曰：「你們仙道門中的貨色，初買不能現得，得之又不耐用，何如我佛門西方老店，價廉物美，一求即得，堅固耐用，永不變壞。但是你們無福消受，可痛呀！可痛呀！」像這種論調，我們學仙的人要同他辯論，可謂浪費筆墨，只有請基督教徒對付他們，堪稱半斤八兩。今試模仿基督教口吻如下：「夫念佛不能得救，得救不能生天，何如信主耶穌，禱告上帝，求生天國，一生即得，永享快樂，不墮地獄。而愚迷不信，痛哉痛哉！」

楞嚴正脈：「問：『修仙者妄謂「釋教修性不修命，萬劫陰靈難入聖」，惑此言者甚多，請此附辯，以覺深迷。』」

攖寧按 「只修性，不修命，此是修行第一病； 只修祖性不修丹，萬劫陰靈難入聖。」這幾句是呂純陽真人敲爻歌中之語。 此歌是否呂祖所作，我們也不能判斷，但是這幾句話却未曾說錯。 說者本非妄，聽者亦不惑，斥爲妄譏爲惑者，彼等自己已不免妄且惑矣。

楞嚴正脈： 「答：『彼所說性命，二俱非真。 蓋指身中神魂爲性，身中氣結命根爲命，故說單修性者，但得陰魂鬼仙，無長生身形。 兼修命者，方得輕妙長生之身，而誇形神俱妙。』」

攖寧按 極端唯物派的科學家只承認我們一個肉體，至於人類的意識作用，不過肉體中一部份物質在那裏衝動，並無所謂靈魂。 等到肉體毀壞，物質分解，不能團結時，人類的意識也就隨之消滅。 談到肉體以外還有性命，他們笑你是說夢話。 我們仙學家想爭這口氣，必定要下一番苦功，實實在在做到形神俱妙的地步，方能令科學家折服。 須知仙學家的勁敵是科學家，而宗教的敵人也是科學家，但是將來世界上足以同科學家對抗的，獨許仙學家有這個希望。

楞嚴正脈：『安知佛所說性，是人人本有真如性海，乃無量天地無量萬物之本體。證此性者，豈惟但能現無量妙身，兼能現無量天地萬物。其所現者，豈惟但能令住百千萬歲，雖塵沙浩劫亦可令住。且欲收即收，一塵不立，欲現即現，萬法全彰，得大自在，得大受用，方謂真如佛性。斯言信不及者，請細閱前文顯性處，自然悟彼無知而妄謗矣。』

攖寧按 仙家所謂「只修性，不修命，萬劫陰靈難入聖」，是指做工夫的流弊而言，意欲調和於性命二者之間，不欲有所偏執，反惹起此處一大段嚕囌。要曉得這是做工夫，不是做文章，何必賣弄筆尖兒，把一個「性」字講得天花亂墜？我似乎看見老子、莊子、淮南子書上講「道」字之全體妙用處，其廣大精微，甚過此段文章百倍。呂純陽是唐朝進士，未必沒有讀過老、莊、淮南等書，倘若他要做起文章來，恐怕比交大師更加玄妙。交大師除了把「道」字改作「性」字而外，尚有何新發明呢？佛教徒既可以改「道」爲「性」，仙學家自然不妨改「性」爲「命」，彼等安知仙所說「命」，是人人本有「長生命蒂」，乃無量天地無量萬物之本體。修此「命」者，豈但能現無量妙身，兼能現無量天地萬物……方謂「長生仙命」。斯言信不及者，請細閱仙經論「命」處，自然悟彼淺識之徒無知而妄謗矣。

神仙一派，極端自由，早已跳出佛教六道輪迴之外，楞嚴經正脈所謂「不雜人居，亦非天上」，却是實情。若將神仙判同人道，一則生活狀況不同，二則壽命長短不同，三則明明說是「絕於人境」，如何能再以普通人類的眼光看待？若將神仙判歸天道，亦有困難之點。因佛教中所謂天道者，都是死後投生，命終轉世，而神仙家永遠不肯命終，絕對不說死後，並且不一定希望上天。雖偶有白日飛昇或陽神冲舉之現象，似乎可以承認他們是上登天界。然而飛昇乃肉體騰空，冲舉是陽神脫殼，雖同爲昇天，又不合佛教天道中轉世投生之原則。可見仙家所嚮往之天，决非佛教天道所能統攝。弄得這班中國的印度思想家進退失據，既不能將仙道判同人道，又不能將仙道判歸天道；設若於六道之外，別立仙道，則六道變成七道，顯然有破壞自己教義之嫌；若將仙道納入四聖道內，則不免認凡作聖，佛教徒又不甘心。他們素來以「聖」自命，而以「凡」視人，如何肯與人平等？况仙佛兩家，宗旨相反，很難覓得調和之機會，到此地步，伎倆已窮，無可奈何，只有將仙道痛罵一頓，稍洩氣憤而已。所以歷代佛教徒批評仙道，總是隔靴搔癢，並無學理可言。蓋在印度民族腦筋中，根本就沒有中華民族的神仙思想。釋迦當年創教，只有六道輪迴，而無七道輪迴之說，於是中國神仙遂享有治外法權，而不受佛教法律之裁判矣。這個缺點，只能怪彼自己的教義組織頗欠完密，致中國一般漏網的神仙，逍遥法外，不能怪我輩仙學家手段太滑，野性難馴也。

余觀歷代謗仙之書，當推楞嚴經爲巨擘。因其不動聲色，淡淡而叙，款款而談，能使學者於無形中改變其思想，而不覺察經文理論之錯誤。加之法師們到處演講，全國從風，而仙家資格因此墜地。修出世法者，遂鄙棄仙道，視爲畏途，不敢涉足，除却保持宗教迷信，聊以安慰自心而外，毫無他策。追原禍始，楞嚴十種仙之流毒最深，則知余今日之辨實非得已。賢哲君子，尚其鑒諸。

連載於民國二十六年（一九三七年）六月十六日、七月十六日揚善半月刊第四卷第二十四期、第五卷第二期（總第九十六、九十八期）

歡喜佛考

陳攖寧

此篇出於哲學家劉仁航先生所著天下泰平書第九卷中。世人到過北京雍和宮者，見各殿内供奉着許多奇怪佛像，都是莫名其妙。而北五臺山菩薩頂大文殊寺，亦有此等佛像，朝山進香之客觀之，竟不知其中有何神秘作用。請讀此篇，即知其故矣。

庚辰七夕攖寧子識於滬上

原文

明人集云，崇禎辛巳，同姜如須過後湖，入一庵，後殿封鎖，具施乃開，皆裸佛交媾形，凡數百尊。守者曰：「天地父母，前年大内發出者，其像皆女坐男身，有三頭六臂者，足下皆踏裸女，累人背而疊之。」考元成宗大德九年，天寧寺有秘密佛，即言此佛。鄭所南亦言「素佛裸與女合」是也。今聞紅教喇嘛僧食肉近女，每年十一月黑十日，於寂靜時，在毡上端身而坐，合掌恭敬，以虔誠心發願曰：「普爲利益法界一切有情，願我速證本尊吉祥形嚕葛身，故我今依樂欲定劑門也。」本尊吉祥形嚕葛，一面一臂，其身白色，右手持闕文，左手持白色鈴，頭髮結髻，三目，微少嚙齒，身上並無嚴飾衣絡，展右跪左，二手交抱金剛亥母。一面二臂，其身白色，右手向上，持白色鈎刀，左手抱吉祥形嚕葛之頸，及持滿盛五肉五果甘露頭器。三目，微少嚙齒，具喜悅容，披髮散垂，身上並無嚴飾衣絡，展開左足右足，騎於本尊吉祥形嚕葛，口出訶訶大樂之聲。其金剛亥母口出兮兮大樂之聲。其兮兮大樂之聲，充滿十方佛土。爾時十方一切報身佛，如空注雨，入於吉祥形嚕葛淨梵竅中，變成法身自性白菩提，充滿亥母花宮之內，充滿亥母一身。其法身自性白菩提心，展轉滿盛，流出二根相交之門，如空注雨。此處有闕文。誦本尊字咒百八遍已後，證諸法平等妙理，心境兩空，樂雙融住，或記錄句，皆消除也。出定之後，隨意遊行，威儀中起，共觀誦「實哩形葛吭」五字。若修習人不獲成就，再依前例，共作觀定，及誦咒補闕記句，即得成就。一切勇猛母，常隨擁護。無始以來，所積一切罪障，悉得消滅，福德壽命，展轉增勝。臨終之時，無諸痛苦，住於正念，無量萬億勇猛母眾，親來接引，隨意往生空行宮中，爲大樂金剛尊也。

附註如後

崇禎辛巳　即明思宗崇禎十四年，距今歲庚辰，將近三百年。

姜如須　人名。

具施乃開　言遊客以錢財布施與和尚，方肯開鎖，以便觀覽。

天地父母　謂天地萬物，皆由陰陽而生，故名之曰「天地父母」。

大內　即皇宮庫藏之所。

累人背而疊之　言每一人背上，復有一人，積累而重疊之也。

元成宗大德九年　即乙巳年，距今歲庚辰，約六百三十五年。

鄭所南　鄭名思肖，乃宋末之遺民，誓不仕元，著有詩集，名心史。

紅教喇嘛僧　喇嘛教爲佛教中之一派，唐朝自印度傳入西藏，後推行於蒙古、滿洲各處。有新舊兩教，舊教穿紅衣，新教穿黃衣。所謂紅教喇嘛，指舊教而言。

依樂欲定劑門　樂欲者，即色聲香味觸五欲之樂；　定者，禪定；　劑門，即法門。　謂修密宗者，當依世間五欲之樂，而爲出世間禪定之方便法門也。

其身白色　表示清淨純潔之意。

持白色鈴　表示有感必應之意。

頭髮結髻　表示整齊端肅之意。

微少嚙齒　表示忍耐鎮定之意。

三目　中間一目，表示天眼。　意謂行此等事者，乃天上人，非凡間人也。

身上並無嚴飾衣絡　謂周身無莊嚴之衣飾及纓絡等，蓋完全裸體也。

展右跪左　即伸展右足，屈跪左足。

金剛亥母　以十二地支配五行論，亥屬水，所謂金剛亥母者，或同於丹家水中金之義。

持白色鈎刀　持刀者，表殺機也。悟真篇云：「若會殺機明反覆，始知害裏却生恩。」鈎者，如佛書所云「先以欲鈎牽，後令入佛智」也。

左手抱頸持滿盛肉果甘露頭器　此表示以全體布施，及以諸法供養之意。

具喜悅容　表示皆大歡喜之意。

披髮散垂　表示純任天然，毫無矯揉造作之意。

訶訶兮兮大樂之聲　譬如悟真篇所謂龍吟虎嘯之聲。

其聲充滿十方佛土　譬如無線電放電機，迸出火花，震動空中之「以太」變爲電浪，無處不到。

報身佛　佛有三身：清淨法身，圓滿報身，千百億化身。法身即是真空，報身即是妙有，化身即是宇宙萬物，連人亦在其內。再者，法身真空，即是無極；報身妙有，即是太極；化身即是太極生陰陽，陰陽生五行，五行生萬物。讀者必先明此理，而後方能解釋此篇之奧義。否則，十方一切報身佛，如何會鑽入人身中去？讀者須知，報身佛、妙有、太極，並丹經上所謂「真一」、科學家所謂「以太」，其名雖異，其實則同。

如空注雨 言報身佛到人身上來時，就像空中落下雨點一般。

淨梵竅 淨者，潔淨之義； 梵者，離欲之義； 竅者，玄關一竅也。 此竅或言有定處，或言無定處，或言在身內，或言在身外，或言有形狀，或言無形狀，或言每一個人身中皆有一竅，或言兩人合體方成一竅，古今來聚訟紛紛，迄無定論，賴學者自己的聰明智慧認識之、尋求之可也。

花宮 呂祖敲爻歌云：「洞中常採四時『花』，『花』『花』結就長生藥。」張三丰真人無根樹詞云：「借『花』名，作『花』身，句句敲爻說得真。」鍾離祖贈呂祖詩云：「含元殿上水晶『宮』，分明指出神仙窟。」高象先真人金丹歌云：「珠璣寶殿森其中，雙童指曰西華『宮』；『宮』中綵仗何昭晰，有女年方十六七； 鬟髮繽紛垂暮雲，素雲輕淡凝春雪。」

變成法身自性白菩提 言空中無量數報身佛，爲密宗行者定力所感應，攝入自己身中，變成清淨法身，其法身具足先天之性命。 法身之性，名曰「自性」； 法身之命，名曰「白菩提」。

法身自性白菩提心　此處所謂「菩提心」，與佛教普通所謂「發菩提心」之「心」字大不相同。蓋發菩提心者是發一種行菩薩道之宏願，而白菩提心之「心」字，則不能作「願心」解，只能作「核心」解，或作「種子」解。譬如菓內有核，核内有仁，仁即核心，核心即種子，所含生殖力最富。又易經復卦彖辭曰：「復其見天地之心乎。」這個「心」字，與「白菩提心」之「心」可以互參。

展轉滿盛　言彼此往來，循環不已，與車輪輾轉相似。滿盛，即坎中滿之義。

流出二根相交之門，如空注雨　前言十方一切報身佛，從身外進入身内時，如空注雨；此言法身自性白菩提心，由身内流出身外時，亦如空注雨。報身佛之入，既無形狀可見，則菩提心之出，當亦無形狀可見，决非後天之濁質所能冒名混充。若以佛經中「男女二根自然流液」之說解釋此句，必至弄成笑話。再者，白菩提心流出之後，結果到何處去了，惜本篇有闕文，無從探究。是否最初從虛空中來，現在仍消散到虛空中去？或者最初從虛空中來到對方，復從對方來到此方，現在仍由此方歸還到對方去？其間大有問題。當此要緊關頭，偏偏遇着闕文，豈真天機不可洩漏乎？愚謂此即仙佛兩家分界之處，由前一說則成佛，由後一說則成仙。由前一說則臨終往生，或投胎轉世，「西藏活佛多半是投胎轉世」；由後一說則長生不死，或白日飛昇。

證諸法平等妙理 從虛空中來者，仍歸還到虛空中去，不增不減，無欠無餘，此即諸法平等妙理。

心境兩空 清靜經云：「內觀其心，心無其心；外觀其形，形無其形；遠觀其物，物無其物：三者既悟，惟見於空。」意與此同。蓋謂對景忘情，不着於色相也。

樂雙融住 雙方融化爲一，而同住於寂定之中，禪悅爲食，法喜充滿，其事甚樂，有真實受用，不落於頑空也。

或記錄句，皆消除也 平日所記誦或鈔錄之經典語句，到此境界，皆完全消除。譬如禪宗由看話頭入手，到後來一念不生時，則看無可看；淨土宗由念佛入手，到後來一心不亂時，則念無可念。

出定之後 至此方言出定，可知以前許多工夫，皆在定中修證。倘不能入定，即無實修實證的資格。若以世俗躁動狂蕩之習慣，及愚昧邪穢荒謬之心理，妄想成就神聖高尚之事業，則是地獄門前之人也。

威儀中起 佛教以行住坐臥爲四威儀，言一切舉止，皆合法度。

共作觀定 觀者，觀想；定者，禪定；言共作者，可知非靜坐孤修也。

勇猛母　即是具大神通、有大威力之女神。

罪障悉得消滅　罪障所存積之處，不外乎肉體與靈魂。今仗不可思議之秘密法門，將肉體與靈魂，徹底改造，使罪障無所依附，自然消滅矣。

臨終之時，無諸痛苦，住於正念　所謂臨終，與凡人之將死不同。蓋人死未有不感受痛苦者，縱或偶有一二人能免除痛苦，但其念頭，若非散亂，即是昏沉，決不能常住於正念。今既謂臨終能免除一切痛苦，又謂能住於正念而不昏不散，是乃解脱舊軀殼，而建立新生命，非真死也。

隨意往生　言隨自己靈性的意思，要往何處，就往何處，不像凡人臨死時糊糊塗塗，瞎鑽瞎撞，難保不墮入三途惡趣。

空行宮　即諸天宮之一。彼處人類，身體輕清，非如地球上人類身體之重濁，故能行於空中。近代天文家言，火星中人類，身輕能飛行，一切知識與能力，皆超過地球上人，一切境界，皆極其美妙。此言或可信。雖然，太空中星球無量數，則世界亦無量數，其美妙勝過火星者，當多至不可計算。世人不求上進，徒知生老病死，局促於此狹隘之地面，已覺眼孔太小，並且大家都不肯安分，而效蠻觸之爭，伏尸百萬，流血千里，嗚呼！何其愚耶！

大樂金剛尊　金剛者，永久不壞之義；　尊者，天中之至尊；　大樂者，享受諸天最大之快樂也。

攖寧子曰　世間學佛者，無不知佛教有顯宗、密宗之分，顯者明顯義，密者秘密義；　學佛教密宗者，無不知有東密與藏密之別，東密者日本之密宗，藏密者西藏之密宗；　學藏密者，無不知有黃教與紅教之異，黃教在喇嘛教中爲新教，創始於明朝永樂年間，而紅衣舊教，在唐朝已有之。　世人少見多怪，崇黃教而斥紅教，其實紅教方是西藏密宗之本來面目。　此篇記載，雖有闕略，然大概情形，已能明了。　今特照原文登出，並參加愚見，附以解釋，以備同道諸君作印證之用。　余不欲提倡此法，亦不欲毀謗此法，但認爲此法非普通人所能奉行。　惟以世界如此之大，人類如此之多，不敢謂其中竟無一二上上根器堪以承受者。　故將其揭載於報端，俟彼道高德重，智慧超羣，因緣具足之士，能自得之，普通人請勿問津。　蓋此輩躁動狂蕩之習慣，牢不可破，倘冒昧嘗試，非徒無益，且有損傷。　若再夾雜旁門，趨向邪徑，則罪業更深，余不負其責也。

再者，世間無論何事，有贊成的，自然就有反對的，即如西藏密宗之雙身法，贊成的人固多，反對的人料亦不少。　吾等既不暇顧慮有人反對，遂將此篇文章埋没而不登出，亦不便迎合一般贊成人的心理，竟故意說得天花亂墜，節外生枝。　但願本着實事求是的精神，爲同道諸君盡一點義務。原文所有，不減一字；原文所闕，不添一字。至於註解中雜引丹道家言，以互相印證者，亦非無因。昔年有西藏大喇嘛某君，與老道友鄭鼎丞君交誼頗篤，曾由南京同船至漢口，水程約需二三日之久。長途得閒，彼此遂暢談仙佛兩家秘密法門。某君承認仙家雙修工夫，與彼宗雙身法大同小異，而鄭君則以爲參同、悟真一派，比較喇嘛所傳之法，更覺精微。蓋彼宗雖知陰陽之配合，而不知火候之妙用；雖有禪定之工夫，而無結丹之希望。故其後果止能成佛（如西藏活佛之類），而不能成仙。學者倘願投胎轉世，或死後生天，則由彼宗入手，亦未嘗不可。若立志要留形住世，或陽神冲舉，除却鍊大還丹而外，別無其他更好的方法。至問及仙佛兩家地位之高低，此關於各人信仰之不同，本無一定是非可說，吾等亦不欲作無謂之辯論。再問此種法門可有流弊，則答曰：凡事有一法必有一弊。此法傳到中國以後，其末流變成元順帝之「演揲兒法」，穢亂宫闈，致招世俗之誹議。此乃人之過，非法之咎，吾等不可因噎廢食，遂將其法根本推翻。譬如預防男女縱慾之傷身，乃禁絕夫妻婚姻之制度，豈合於情理乎？

連載民國二十九年（一九四〇年）九月一日、十月一日仙道月報第二十一、二十二期

與本刊編者書

陳攖寧

無我先生慧鑒：

日昨獲瞻丰采，至以爲幸。談次曾蒙詢及勝鬘經屬於佛教何宗，當時未敢率爾置答。返舍後，將此經閱讀一遍，姑伸愚見如左。

中土佛法，舊分十宗，除成實、俱舍小乘二宗不計外，其大乘八宗。若淨土、真言、唯識、三論、禪宗、律宗，皆與勝鬘經之義不相契合；華嚴經無所不包，勝鬘經中要義當然不能出華嚴範圍，但又不能將勝鬘隸屬華嚴宗，因其性質不類。愚謂勝鬘似宜屬法華宗。此經開端即言佛授記於勝鬘，未來劫中當得作佛，號普光如來。其後續言十大受、三大願、攝受正法大精進力、二乘涅槃是不了義、二乘有不能斷之煩惱，又言聲聞緣覺乘皆入大乘、大乘即是佛乘、三乘即是一乘、一乘即第一義乘各等語，皆與法華經義相近，故謂勝鬘宜屬法華宗，否則無宗可歸。依天台五時之說，勝鬘屬第三方等時；依賢首五教之判，勝鬘是第三大乘終教。在大寶積經第一百十九卷，題名勝鬘夫人會，其中所說義理，與單行勝鬘經完全相同而字句頗多差異處。寶積本譯者手筆，較單行本爲優，不妨參考。

即如單行本所云「受十大受」，寶積本則云「發十弘誓」，自然是前者費解，後者易解。諸如此類者不少。同是一部經，譯筆大有關係。即如金剛經通行本是羅什譯，然有幾處則不如玄奘譯本之確實而清楚。笈多譯筆最劣，幾於文理不通。其他三譯，雖不能超過羅什，但勝於笈多遠矣。

念茲筆談已讀過，凡所評論，皆有深刻之認識。作者慧根不淺，惟古今慧業文人，福報多不能相稱。愚觀作者人間之慧已足以應用，此後宜偏重修福一面，則二者之間不失其均衡矣。非謂此後不需修慧，但出世間之慧是從定中發出，不是從學問上得來。陸象山批評朱子爲學太支離，朱子初亦反覆致辯，終則心折。朱陸異同，乃早年事，晚年則共趨一路矣。今將朱子之說鈔錄數段，以見儒、佛不二。

朱子云：「近日方實見得向日支離之病，雖與世俗功利權謀不同，然忘己逐物、貪外虛內之失，則一而已。自家一個身心不知安頓去處，而談王說霸，將經世事業別作伎倆商量，不亦誤乎？」「若使道可以多聞博觀而得，則世之知道者不少矣。」我想念茲君早已懂得這個道理，不過常常有人提醒，或者可以增加一點精進力耳。既蒙贈我念茲筆談，自不能不盡少許義務，非多事也。「此與守書冊、泥言語全無交涉，於日用間察之，知此則知仁矣。」「孟子言學問之道，惟在求其放心，而程子亦言心要在腔子裏。今一向耽着文字，令此心全體都奔在書冊子上，更不知有己，便是個無知覺、不識痛癢之人，雖讀得書，何益於吾事耶？」「近日覺得向來說話有大支離處，反身以求，正坐自己用功未切耳。此心操存捨亡，只在反掌之間，向來誠是太涉支離。蓋無本以自立，則事事皆病。今方深省而痛懲之，亦欲與諸同志共勉焉，幸遍以告之也。」「向時也杜撰說得，終不濟事，如今方見得分明，方見得聖人一言一字不吾欺。只今六十一歲，方理會得。若或去年死，則枉了。」「某覺得今年方無疑，理會得時，老而死矣，能受用得幾年？然十數年前理會不得死了，却又可惜。」「佛經云：『佛爲一大事因緣出現於世。』聖人亦是爲一大事出現於世。」「佛家有三門，曰教，曰律，曰禪。吾儒家若見得道理透，就自家身心上理會得，便是兼得禪的；講得辨訂，便是兼得教的；動由規矩，便是兼得律的。」以上皆朱子所說，足見儒佛一致。但朱子有時亦闢佛，那是因爲門庭建立不同之故，等於六祖要提倡禪宗，自不能不闢西方淨土而專講唯心淨土。若視爲定論，則執著矣。愚素日提倡仙學，自不能不偏重長生而反對無生，此乃各人立場不同，實非定論。

手此奉達，敬候撰安，念茲君同此致意。

陳攖寧頓首

載民國三十六年（一九四七年）三月一日覺有情半月刊第八卷第十三、十四號（總第一八一、一八二期）

靈魂有無之推測

陳攖寧

以肉體爲我而觀人生，則人生毫無價值；以靈魂爲我而觀人生，則人生尚有希望。故修養家重視靈魂，尤甚於肉體。然靈魂問題非今日之科學所能解決，而許多宗教書籍，雖議論紛紛，皆是空談而無實證。吾人既欲從事於修養之學，當其初下手時，就要認識靈魂，否則修養所爲何事？但靈魂是無形之物，非眼所能見，非耳所能聞，非鼻所能嗅，非舌所能嘗，非身體所能觸，如何可以認識？必有賴於種種推測之方法。姑將平日與諸道友問答各條記錄於此，以爲研究的資料。

一問：「如何能知肉體以外尚有靈魂？」

答曰：「肉體構造，頗似機械，試以汽車作比，人的兩手兩足，如四個車輪；人的兩隻眼睛，如兩盞車燈；人的口，如放響聲之喇叭；鼻孔，如進空氣之風門；心臟一伸一縮，如汽缸活塞；肺葉一漲一收，如車頭風扇；腦髓，如蓄電池；神經，如電線；胃部，如汽油箱；膀胱，如水箱；肛門，如車後出廢氣管；人的飲食，如汽車加水添油；肉體中長短骨架，所以支持人身，汽車中長短鋼骨，所以支持車身；人需要皮膚保護外部；　汽車亦需要鐵皮保護外部，人需要脂肪潤澤內部，汽車亦需要機油潤滑內部；人體有曲線美，車體有流線型。　仔細想想，人與汽車可謂全部相同。　雖然汽車機械構造完備，若無開車之人在車中駕駛，則車之本身動止、快慢、進退、轉彎，皆無主宰，雖有新車，等於廢物。　因此可知人的肉體若無靈魂於中作主，則有眼耳不能視聽，有手足不能行動，雖具此形骸，已失其作用，乃一死人而非活人。　所以人的身體譬如汽車，而靈魂則譬如開車之人，萬不可少，豈可任意瞎說人無靈魂？」

二問：「以靈魂比喻開車之人，可謂切當。　惟開車之人在車中有一定坐位，人的靈魂在肉體中有確定部位否？」

答曰：「靈魂總機關在腦中，而分布於各神經系。　試觀病人受蒙藥之時，呼吸依然，脈搏如舊，可知人實未死，何以毫無痛苦之感覺？　則因蒙藥之力由鼻入腦，靈魂總機關發生障礙。　譬如人家電燈總火門關斷，則全部電燈不亮；　又譬如暴徒跳上汽車，用强力壓迫開車之人，不許活動，同一理也。　若在局部神經上注射麻藥，則該局部神經暫時受藥力所阻，失其傳送感覺之效能，凡受此一系神經所支配之部分，則不知痛苦，而其他各神經系統之感覺則如常，譬如人家電燈總門並未關斷，只有一處分支電線關斷，電流不通，少數電燈因此不亮，而多數電燈則仍放光明也。」

三問：「鬚髮毫毛、指甲僵皮等類，亦是人身之一部分，何以經過刀剪不知痛苦？」

答曰：「因此種部分皆神經所不到，無神經則無感覺，無感覺則無痛苦。普通所謂靈魂，大概指感覺而言，無感覺的部分亦可謂無靈魂。足見靈魂與神經實有密切之關係，神經所不到之處，靈魂亦不到也。」

四問：「手足殘缺、眼瞎耳聾之輩，何故仍有知覺？」

答曰：「頭腦是靈魂總機關，尚未破壞，故知覺仍在。」

五問：「熟睡之人，頭腦未嘗不在，何故没有知覺？」

答曰：「腦筋因疲勞之故，需要休息，暫時停止活動，所以没有知覺。譬如一國元首，公務疲勞，暫時不理政事。」

六問：「剛死之人，腦筋並未破壞，何故没有知覺？」

答曰：「此時肉體生活機能已完全停止，腦筋不能獨自活動，外表雖不見其有破壞之跡象，實際上已逐漸腐化而分解，靈魂當然不能依附，而失其作用，所以没有知覺。人的腦髓，譬如靈魂所寄居之房舍，房舍暫時雖未破壞，但已發生嚴重障礙，不得像平時一樣的能够住人，以前住在本屋之人自然要遷移到别處去。人去之後，房舍空空，雖房中電話機裝設完備，外面打電話進來，鈴聲振響千百次，亦得不到一次回音。可見活人與死人的分別，即是靈魂之在與不在而已。」

據以上各種推測，活人是決定有靈魂的。至於人死以後，靈魂歸到何處那些問題，不在本篇範圍之內，暫不具論。

民國三十六年三月一日寫於上海

載民國三十六年（一九四七年）四月一日覺有情第八卷第十五、十六號（總第一八三、一八四期）

由仙學而佛學——答某居士書

陳攖寧

往年以仙學立場，對佛法常抱一種不妥協之態度。今見人類根性日益惡劣，殺人利器層出不窮，且於大自然境界中，仗科學之發明而冒險嘗試，擾亂宇宙共同之秩序，恐吾輩所託身之地球將來不免有毀滅之一日。仙家縱修鍊到肉體長生，並證得少許神通，究未能跳出漩渦之外，皮之不存，毛將安附？天仙程度較高，又當別論，此指地仙而言。因此近來常與人講出世之佛法，而不講住世之仙學。

弟從事於仙學有數十年之久，知者頗多，受累非淺。來訪我者品類太雜，男女老少、新舊雅俗等等性質各別，其中又有軍人、政客、流氓、市儈、耶穌教徒、佛門居士、江湖方士、傳道先生、中西醫生、科學家、迷信家。而且同一迷信中，復有真迷信、假迷信、半迷信種種不同，令我窮於應付。此刻與人談佛專重念佛生西，人每不樂聞，訪我者遂逐漸減少。彼等所不樂，正我之所樂，是亦藏拙之一道也。

論及煩惱，人皆有之，惟發菩提心者可以減輕煩惱。如十分煩惱之人，若有一分菩提心，則煩惱止有九分；若有七分菩提心，則煩惱止有三分；若菩提心發得十分圓滿，則煩惱頓空，儼然成佛矣。煩惱與菩提，乃一物二面，一面多則一面少，故曰「煩惱即是菩提」。發菩提心者，不斷煩惱，而煩惱自斷；不發菩提心，而欲斷煩惱，無有是處。此乃我自己經驗所得之言，不是空談理論。

煩惱有粗有細，粗者乃人事上之煩惱，細者是工夫上之煩惱。尊意所謂煩惱，當指人事而言。須知吾當初投胎做人，就是預備來受苦，不是來享樂。若要享樂，何不往生極樂世界？其次，何不上生色界三禪？再次，何不投生欲界諸天，乃偏生於有苦無樂之人間？此皆夙世業障太重，一時難以解脫，只得安命而已。儒家所謂「命」，即佛家所謂「業」，若要改變，須用極大之道力與法力。道力就仙家說，法力就佛家說。若因循懈惰，終爲業力所牽，今生無辦法，來生更無辦法，愈轉愈下，亦大可懼。

尊函謂「不知何日克賦遂初」。晉孫綽作遂初賦，又作天台山賦，讀之令人意遠。後居官，與桓温政見相左，温怒曰「何不尋君遂初賦，而知家國大事耶」，然孫竟未及歸隱而歿於官。試思彼千載上作遂初賦者，尚不克遂初，吾輩談何容易！大抵皆寄託於空想耳。果能由空想而成爲事實，則其所處境界，雖非天上，已不似人間矣。此等福報非同小可。古今慧業文人，往往福報欠缺，因過去生中，止修慧而不修福之故。禪家者流喜唱高調，每輕蔑人天福報，既無力直取涅槃，又不求往生淨土，轉世皆有慧而無福。見解的確超過常人，而結習難除，則與常人無異，或反加甚。吾輩今日當痛矯此弊。現代多有禪淨雙修者，然禪不徹底，淨不勇猛，仍爲業力所轉。

隱遁方式，至不一律。昔者葛稚川隱於羅浮，賴地方官供給；陶弘景隱於茅山，有梁武帝護法；孫思邈隱於太白在陝西郿縣，藉醫術糊口；林和靖隱於孤山，售梅實自活；嚴子陵隱於富春，以耕釣爲生。他如君平垂簾、韓康賣藥、朱桃椎之織屨、許宣平之負薪，豈樂爲之？蓋不得已。若僅知謀道而不知謀食，將見「西山薇蕨吃精光，一陣夷齊下首陽」耳，何足以言隱遁乎？

弟之行止無定，隨緣度日而已。假使亡室尚在世間，此刻當已相偕入山，生活方式亦早有計劃。今則形單影弔，窒礙多端，以前計劃概不適用。自己無家，只有寄居人家或寺觀之一法。可去之地方雖多，可與言之人絕少。倘終日閉口結舌，恐他人不耐；若與眾敷衍酬對，時作違心之言，人則滿意，我又何爲？故有幾處已託辭不去，有幾處尚待實地試驗，方知能久住與否。身雖未死而欲學死，將來看何處容許我做活死人者，則往何處耳。

學佛有四步歷程，曰信、解、行、證。信爲第一步，解爲第二步，乃先信而後求解也。弟則先求解而後始肯信，解得徹底，於是信得亦徹底。此刻在第三步「行」字上面。愚觀一般文人學佛，僅得一個「解」字，雖未嘗不信，而其信不堅，尤其於「行」字未曾注重，惟將佛學作爲哲學研究而已。平時不下工夫，命終時仍隨業力所流轉，尚不及彼齋公齋婆猶能帶業往生。

鄙志亦欲隱遁，其目的在實行做工夫，而非耽玩林泉之幽趣。但滬上仍多未了事，必俟結束清楚告一段落，方好離開。擬先往西湖訪湛翁，然後再隨緣赴他處。人生行止都是受外緣支配，自己不便强作主張，是則有身之累也。假使將來入山，當從斷絕煙火食做起。吃的問題解決，其餘皆易辦。此處當用仙家學術。

兄現在之地位不高不低，職務亦頗清閒，又不負重大責任，而且資格甚老，自己若不辭退，地位當可長保。若一朝歸隱，必須另講謀生之道。霞嶂煙巒，只可以賞心而不可以飽腹；松聲禽語，只可以悦耳而不可以充腸。昔梅福官南昌尉，棄官隱於會稽，變姓名爲市門卒，仍不外乎生活問題，否則何必執此賤役？莊子之漆園吏，亦猶是也。王維送友人歸山，有「入雲中兮養雞，上山頭兮抱犢」之句，我輩既不會抱犢，又不慣養雞，將奈何！

記得二十年前兄有一句話：「人類根本是沒有辦法的。」此言至今日而益信。但是我們錯誤在先，今生已經做了人，不得不在無辦法中想辦法，其要訣就是一個「修」字。愚者聽其自然，不懂得修；　智者徒唱高調，不屑於修：　皆是誤而再誤。

人間是夢，三途是夢，生天生淨，未嘗不是夢。　雖然同是一夢，究有苦樂之殊，昏明之異。　與其做苦夢，不如做樂夢；　與其做昏暗夢，不如做光明夢：　其要訣仍是一個「修」字。　父母愛子女，要勸其修；　子女愛父母，要勸其修；　人類互相愛，要勸其修。　不修則無辦法矣。

載民國三十六年（一九四七年）五月一日覺有情第八卷第一七、一八期號（總數第一八五、一八六期）

慨慕人生佛教之導師並答客問

陳攖寧

近代佛教中高僧頗多，最負盛名者二人，曰印光大師，曰太虛大師。不但通國皆知，並且名揚海外，要皆數十年堅苦卓絕之精神有以致此，實非偶然。兩師在日，固是雙方互相推重，而其所以爲教者則大異。印師專弘淨土，責無旁貸；太虛大師則以革新佛教爲己任，目的在倡導人生佛教，就原有教義上，用綜合整理方法，以適應時機，有似乎馬丁路得之改革耶穌教，而手段則比較和平多矣。雖然，此等事業，談何容易。挺傑出之才，闢難行之道，荊天棘地，百折不回。新佛教體系，尚在萌芽，而導師已逝，吾人能不爲之長歎息耶？

不才平日與太虛大師極少親近之緣，惟景仰其人格偉大，思想超拔，學識淵博，器量寬宏，遇事尤能勇往直前，任勞任怨。即使離開佛教而言，亦不失爲普通做人的模範。

十年前，不才提倡神仙學術時，太虛大師於海潮音上曾有長篇文字，批評拙著仙學各書，不才頗能諒解其維護本教之苦心，初次不欲在刊物上顯然與之開辯論。但間接致函某君，託其轉達太虛大師，說明我的用意。彼此並未直接通函，事後亦無下文。

民國二十六年春季，忽有素不相識之某君來函云，擬由南京往滬西梅隴鄉間造訪敝廬。不才急覆函勸其勿來，並問其何由得知敝處地址。伊二次來函言：「曾隨委員長遊奉化雪竇寺，與太虛大師閒話，表示自己：『性雖好佛，亦喜學仙。佛教中像大師這樣人物，幸得常蒙開示，亦可以無憾。並且各處尚有許多佛門善知識，遇着機緣，不妨隨時參學。獨惜仙道人才缺乏，無從問津。外面道門雖多，皆不能令我滿意。吾師交遊甚廣，亦知專門仙學現今尚有人才否？』太虛大師說：『真正仙學人才，誠感覺寥落，但亦非絕無。』余問其人何在，師遂將尊處地名告我，因此得知」云云。

不才當日爲仙學奮鬬，本擬用全副精神，犧牲十載光陰，指摘佛教大藏經中所有一切矛盾及疵累，因感於太虛大師洪度雅量，無形中被其軟化，乃將已成之稿焚燬，未成各篇亦棄而不作，僅發表辨楞嚴經十種仙一篇，遂從此停止筆戰。震動一時的仙佛論辨，漸漸歸於煙消火滅。因此，佛教學理上遂少了一個敵人，足見太虛大師手段之高明。而其護持佛教，更具有異勝之方便，迥非其他固執成見、拒人於千里之外者所能及。

嘗觀人世間意氣之爭，至烈且酷，往往因小不忍弄到不可收拾之地步。假使雙方有太虛大師之度量，則化敵爲友，直易如反掌。蓋以事在人爲，原無絕對的是非可說。若必欲執著我見，排除異己，絲毫不能通融，天下遂從此多事矣！ 印光大師在民國十年以前經過上海，曾偕高鶴年老居士至舍間談論多時，所言皆各處風俗人情，及山中住茅蓬之狀況，但未言及佛法。因淨土宗重在行持，本無話可說也。太虛大師平日未嘗勸人往生西方，而且自己亦不專修某一宗，然其綜合整理舊佛教而積極建立新佛教之功，實不可沒。甚望其轉世再來，繼續完成其未竟之事業，方契合於大乘菩薩永劫利生之宏願耳。

太虛大師圓寂後，世人每以隔靴搔癢之言紛紛置議，且有就愚下問者。今略述數條，以見一斑。

甲問：「佛教宗旨，惟在依教修持，向不管國家大事。太虛大師平日主張佛教徒應參加政治，而彼個人行動，亦頗帶幾分政客氣味，是否違背佛教本旨？」

答曰：「君主時代可以如此說，民主時代則不然。凡是國民，皆有選舉權及被選舉權，僧侶既屬國民一份子，當然不能例外。即或自願放棄，亦爲時局所不許，此實無可奈何之事。即如佛教根本戒殺，而政府偏要徵和尚當兵，又將何說？」

乙問：「太虛大師在近代佛教中可謂首屈一指，臨終時何以不現瑞相？」

答曰：「世俗所謂臨終瑞相，多指往生西方一類人而言。太虛大師平素志願，非但不求生西，並且不要生天。今世願心未了，來世必定還在人間。以人身復轉人身，事極尋常，毫無奇特，有何瑞相可言？」

丙問：「若果如此，以太虛大師之資格，尚且不能跳出輪迴，其他資格不及大師者，豈非更無希望？」

答曰：「此不能一概而論，在乎各人所抱的志願如何。彼等視人間爲苦海者，去之惟恐不速，自不願再來人間；或有視人間爲樂園者，迷之惟恐不深，則又不願捨棄人間。像太虛大師那樣資格，決非以人間爲樂而貪戀人間，君等總可以相信得過。但我更能相信他決不畏人間是苦而逃避人間。幸勿以普通世俗心理妄加推測。尚有一層意思，應當明白。假使高明之士，個個都要離開世間，別尋樂土，留下無量數根基淺薄之庸流，長久在世間受苦，試問彼等已出輪迴者於心安否？還想爲無量受苦眾生再來一次否？與其他日重入輪迴，今日又何必急於跳出？」

丁問：「往昔所謂高僧者，都享高壽。太虛大師年齡不過六十，遽爾告終，深可惋惜。並聞伊在生時，身體亦不甚健康。是否修養工夫尚有未到處？」

答曰：「此一問，恰和彼一問相反對。彼方憂愁他不能出輪迴，此又惋惜他不能享高壽。須知，所謂高僧者有兩種：一種是在山林中參禪習定、修心養性之高僧，一種是在塵勞中著書立說、弘法護教之高僧。前者容易享高壽，後者常不免犧牲自己而利益他人，故難望遐齡。譯六百卷大般若經之玄奘大師，不過六十五歲；譯八十卷華嚴經之實又難陀，不過五十九歲；賢首宗圭峯大師，不過六十二歲；法相宗窺基大師，不過五十一歲；禪宗尊宿永嘉禪師，不過四十九歲；著肇論之肇法師，不過三十一歲。彼等都是高僧中之佼佼者。學佛人士最重願力，壽命長短無甚關係。教主釋迦佛不過八十歲，而世間一百幾十歲之長壽翁，古今中外頗不乏人，其功德及於人羣者，比較釋迦佛優劣如何？假使一個人不發大悲度世之心，縱讓他活到一千歲，於人類社會有什麼利益？又如長年隱居山林之高僧，雖有享高壽者，亦是偶然的現象，而非必然的效果。因爲佛家無壽者相，仙家重長生術，兩家宗旨各別。世人仙佛混合，認識不清，儱侗批評，實嫌未當。再者，凡事不能兩全其美，人己不能同時並利。昔天台宗智者大師，因領衆故，降低了自己將來的果位，捨却『相似即』之十信位，僅證到『觀行即』之五品位，壽命亦不過六十歲一說六十七歲。今日太虛大師亦因弘教故，妨害了自己身體的健康，畢生精力用在除舊布新，那有工夫再去修養身體？古今真有同慨。」

戊問：「太虛大師既不求生西方，是否決定上生兜率？」

答曰：「以大師的資格而論，當然可以生兜率天，但是他的志願並不在此。我想他還要轉世再來人間。阿難尊者云：『五濁惡世誓先入。』菩薩發心，應該如是。」

載民國三十六年（一九四七年）六月十九日覺有情，第八卷六月號（總第一八七、一八八期）「太虛大師紀念特刊」

覆某先生書

陳攖寧

前略。承教謂「三界火宅，宜取涅槃」，自是正論。惟涅槃境界須得善惡都莫思量，陳義太高，初機難入，故捨了義而取不了義。若就利生一方面說，證涅槃後，於有情世間不無咫尺天涯之隔，似與鄙願相違，故捨無爲而取有爲法。昔者五祖衣法傳盧能不傳神秀，黃檗談禪揚歸宗而抑牛頭，後人遂謂「『本來無一物』勝過『時時勤拂拭』，向上關捩子，牛頭猶未知」。愚則不作此解，只認爲彼此因緣不同，實無優劣之可言也。莊子見道處自謂超過老子，然實際上老子利人處多，莊子利人處少，世間可以無莊子，而不可以無老子。老子玄言，又非孔子所能及，然老子爲教則不若孔教之廣大。莊子可比祖師禪，老子可比如來禪，孔子則似淨土宗也。

或問：「既然如此，何不專弘淨土，橫出三界，自利利他？」須知弟平日是現外道身者，究與清一色之佛教徒有別，若改弦易轍，人將謂我無條件投降。四禪天本是佛教與外道共住之境，故不妨趣向耳。密教謂摩醯首羅天王乃大日如來之勝報，顯教謂色界天王皆十地菩薩之化身，而彌勒且住欲界天等候下生，往年淨土法門尚未普及時，佛教徒常有求生兜率天者。白居易詩云：「海山不是吾歸處，歸即應歸兜率天。」白初學仙，無所得，轉而學佛，故如是云爾。欲界既可去，色界更無妨矣。

今日全國佛教徒百分之九十以生西爲歸宿，最怕說昇天，其用意蓋避免貪求樂欲之嫌。弟不知西方極樂與天界之樂有何差別。若謂淨土無男女之欲，然色界又何嘗有此一事？若謂生西則壽命無量，三災所不能到，生天則福報有盡，仍不免墮落，況火災能壞初禪，水災能壞二禪，風災能壞三禪，若生淨土，則無諸患。此義弟未嘗不知，知而故犯，必另有說，暫不具論。

再者，今人所謂出三界者，皆指往生西方淨土一法而言；尊意所謂出三界者，當是指一法不立之禪宗而言。然永明壽禪師則於此二者顯分優劣，其言：「有禪無淨土，十人九蹉路；陰境若現前，瞥爾隨他去。無禪有淨土，萬修萬人去；但得見彌陀，何愁不開悟」。永明於向上一着，不能說他無見地，乃輕視本宗而讚美他宗若此，亦深可思也。永明本是法眼宗再傳法嗣，而淨宗則奉爲第六祖。後世淨宗所以盛，禪宗所以衰，大半受了這八句話的影響。弟十年前欲爲禪宗爭一口氣，對於永明之說，曾有不滿之表示，今已省前非矣。

三界固是識所變現，西方極樂又何嘗不是識所變現？同一唯識，自無所用其欣厭之情，只以外道立場，故寧捨淨土而趣色界耳。密教中金胎兩部各種曼荼羅作用，亦不離乎識，即華嚴、天台各種觀想法門，仍是識的作用，甚至於禪家機鋒語錄，也是從識中流出。人若無識，即不能開口說話，何況要辨別學人之是非？禪宗諸師只許官家放火，不許百姓點燈，雖可接引一二利根，此風已成過去，諸師若生今日，亦無所施其伎矣！

尊函謂淮南子「形神俱没」之說近於涅槃，然則賤名「攖寧」二字，亦可謂莊子之涅槃。當年取此名字，原認爲自己究竟歸宿處，但此是未來劫中事，目下尚不欲疾趣寂滅。佛教小乘阿那含果都是先趣色界，後入涅槃，其差別事相有九種之多見俱舍論中。吾國佛教推崇大乘，而輕視小乘，遂弄得有理可談，無果可證。而禪宗竟至聖諦亦不爲，成佛皆妄想，其流弊更甚。物極則反，於是乎淨土宗遂取而代之。信乎時節因素，非偶然也。後略。

附錄某先生原函

前略。三界無安，猶如火宅，實爲誠諦之言。來教以色界爲趣，弟頗未喻其指。三界俱是識所變現，夢幻空花，何勞把捉。妄意淮南俶真訓所謂形神俱没，或有近於涅槃境界，未知兄不斥爲斷見否？

攖寧謹按 衆生之病，都陷在「常」字一方面，「斷」字正是對症良藥，但恐其不能斷耳。

載民國三十六年（一九四七年）十月一日覺有情第八卷十月號總第一九五、一九六期合刊

與本刊編者書

陳攖寧

無我先生慧察：

承借馬君詩集，今特奉還。查集中贈陳攖寧詩，共六首：壬午三十八頁七絕二，乙酉十九頁七律一，丙戌十六頁七律一，丙戌十九頁七絕二。其贈他友諸作，姓名爲寧所知者頗多，惜皆風流雲散矣。

貴刊歷次所載之劉洙源君，在三十年前，寧亦相識。彼時伊學佛，我學仙，宗旨雖不同，然其人則一誠篤君子，愚亦佩之。疑其前生是高僧轉世，故今生結局仍還其本來面目。世人常謂蘇東坡前生爲五祖戒禪師此事東坡自己亦承認之，易世退轉爲大文豪，隔陰之迷可懼。愚謂東坡雖喜用禪理入詩，然詩究竟有詩的格律與風度，不能處處求合於禪。若以禪家話頭偈語的眼光來作詩評，古今詩人皆叫屈矣。詩有以滑稽口氣達義者，即如「平生笑羅什」，非真不滿於羅什也；「一夜著無處」，非真是展轉不寐也；「意欲盡鑷去」，非真要將長鬚拔盡也。凡詩人之詩，皆當如此看法，不是專指東坡詩而言。至於東坡本身，是退轉或是進步，唯東坡自知之，他人紛紛批判，恐不合實際。豈必要東坡臨終亦似劉洙源君之復返老衲面目，方可謂不退轉乎？質之先生高明之見，以爲如何？

郭元興君，青年學佛，能有如此精密而確切的見地，足見根器非凡，其願力的宏深，尤值得景仰。但郭君把成佛一件事看得太易，愚則不敢贊同。伊謂「希望全世界人類，在五十年甚至三十年之內，人人可以成佛」，未免過於理想。此等事且不能以「劫」計，如何能以「年」計耶？雖說理想爲事實之母，然事實究非理想可比。一百年前馬克斯之理，到今日尚未能全部實現，仍有待於後來人之努力完成，其艱難如此！蓋有因必有果者，理想也，而因果不能同時，則事實也。渺小之地球，飄盪於娑婆世界海中，不啻一粟，尚無辦法，何況欲化整個娑婆爲淨土，更超過西方極樂萬萬倍乎！

佛經常云，佛的境界非菩薩所能知。愚則謂，菩薩的境界亦非佛所能知。何以故？因佛的慈心，總希望人人成佛，而菩薩的悲願則誓不成佛；佛認爲眾生皆有佛性，所以要度盡眾生，而菩薩則認爲眾生雖有佛性，但惜業障太重，所以眾生永無度盡之一日；佛與魔立於反對的地位，佛要度生，必須降魔，而菩薩與魔常混在一處，菩薩要度生，有時竟不惜示現魔身。即如華嚴經第六十八卷，婆須密多女告善財童子云：「若有眾生，暫執我手，則離貪慾，得菩薩遍往一切佛剎三昧；若有眾生，暫昇我座，則離貪欲，得菩薩解脫光明三昧六十卷華嚴本云：「若有眾生，共我宿者，得解脫光明三昧。」據此可知八十卷華嚴本所云「暫昇我座」，即是「暫上我床」之義；　若有眾生，抱持於我，則離貪欲，得菩薩一切眾生恒不捨離三昧；若有眾生，唼我脣吻（唼，音「閘」，即是今日所謂接吻），則離貪欲，得菩薩增長一切眾生福德藏三昧；　凡有眾生，親近於我，皆得住離貪際，入菩薩一切智地現前無礙解脫。」以上乃善財五十三參中第二十五位善知識也。　又如華嚴經入法界品第三十九之七，多羅幢城參無厭足王一段。　經云：「無量眾生，犯王法者，身被五縛，將詣王所，隨其所犯而治罰之。或斷手足，或截耳鼻，或挑其目，或斬其手，或剝其皮，或解其體，或以湯煮，或以火焚，或驅上高山推令墮落。　有如是等無量楚毒，發聲叫號，譬如眾合大地獄中。」以上乃善財五十三參中第十七位善知識也。　此等境界，決非佛所許可，佛自己亦決不肯爲，而菩薩則毅然示現，愚故謂菩薩境界非佛所能知。　但是話雖如此，亦等於東坡笑羅什耳。　設有作實法會者，又將爲東坡所竊笑矣。

此上，並候撰安。

弟陳攖寧　一九五一年二月廿五日

載一九五一年四月一日覺有情第十二卷第四期（二三四）

禪門大德管窺記

陳攖寧

當代佛教尊宿如虛雲大師，舉世皆知，何待不佞之謬讚？況彼等素日與虛公常親近者，所見所聞，必更詳悉。雖用拙筆盡力描寫，亦不能得其十分之一，寥寥短篇，更無足重輕。只以大師年來明夷艱貞，由粵而漢，由漢而京，早有傳說。最近應「祝願世界和平法會」之邀請，復由京至滬。本市居民急欲瞻仰壽者相，羣趨舊錫之玉佛超過計劃，肩摩踵接，幾於户限爲穿。不佞受本刊編輯人之囑，謹撰蕪詞，聊以酬答此一希有之因緣。特就愚見所及，略叙大師生平實踐如左。

（一）深入禪定。民國初年，虛公蒞滬，不佞方識其人。彼時月霞法師適纂述維摩詰經講義，不佞任校對及整理稿件之役。偶閱經文「四禪爲床座」句，因與月師談論坐禪工夫。月師遂告我以虛雲禪師往年住終南茅蓬，一定多日，廢寢忘餐之事實。竊歎巉巖幽谷，積雪迷途，灶釜塵封，蒲團冰峭，誠如前代高僧詩云：「門無過客窗無紙，爐有寒灰席有霜。」此種境界，豈庸俗所能夢想得到？

（二）功成弗居。虛公發願宏法，歷年以來，屢興古剎，如大理雞山祝聖寺，昆明西山雲棲寺，曹溪南華寺，乳源雲門寺，皆除舊布新，宗風丕振。當其事業未成，則竭蹶以赴，而不畏辛勤；及至功德圓滿，則去往他山，而絕少貪戀。其募緣修建，純以護持佛法着想，並未嘗一顧其私，較彼廟產獨佔，子孫相傳，爲後世詬病者，賢愚蓋有別矣。老子云：「生而不有，爲而不恃，功成而弗居。」殆亦類是乎？

(三)法不偏執。 禪宗與淨土宗，皆屬佛法中之一門，本無勝劣可說。世間學人，或崇禪而黜淨，或揚淨而抑禪，已嫌偏執之弊。爲導師者，不事補偏救弊，反而推波助瀾，遂致多生荊棘。虛公有鑒於此，故凡開示後學，皆就其根性所近而利導之。往年上海某君在香港謁見虛公時，詢及用功法門於禪淨二者何擇，虛公告以「汝自審果能處煩惱而不亂，住禪定而不寂，則可以參禪；若未能做到，則當一心念佛」。以上數語，某君返滬，曾爲余言之。

(四)至誠感人。 在繁華都市中弘法，其事較易；若行化於山野邊荒，則因難重重。講經論，明因果，給普通紳商界聽，容易博得多數人信仰；若要使貧苦無識之村農及梟悍不馴之魁桀皈依佛教，非慈惠足以贍其體，德望足以服其心者，每每遭彼輩之拒絕，甚則報之以嬉笑怒罵。虛公自己修證到何等地位，門外漢不敢妄測，但知歷年以來，滇邊、粵野、蠻族、苗疆受其感化者，輒盈千累萬，此種人與都市中紳商士女性質不同，最難化導。因此見虛公之不可及。

（五）謙卑自牧。　易經云「謙謙君子，卑以自牧」，乃儒教之美德。佛教力戒貢高驕慢，亦同此義。虛公以如此年齡，在雲門寺時，尚不辭勞瘁，隨眾出坡；諸方錫杖所臨，亦不肯儼然受人恭敬禮拜；處世接物，一律平等，慈言温語，滿座騰歡，而日用四威儀中仍不失其嚴肅；奉養色身，素極儉約，一切與大眾共之。凡此各節，皆難能而可貴者。

總而言之，虛公今日在佛門中所以克享大名者，自有其特出之點，實非倖致。世人徒驚羨其壽齡踰恒，而羣相稱道，亦淺之乎測高僧矣。不佞於民初識虛公一面，距今將屆四十年，其印象尚存腦海中。覺有情月刊社爲本刊徵文，自當踴躍隨喜，惟一念及紫柏、憨山二大師應化之往跡，不禁深悲於娑婆忍土行菩薩道，非如大力金剛具有銅筋鐵骨者，真不易言也。

一九五三年一月十六日覺有情月刊第十四卷第一期（二一四五）